LA VÉRITÉ SUR L'INVENTION

DES

APPAREILS TÉLÉGRAPHIQUES IMPRIMEURS

À TRANSMISSION MULTIPLE

SYSTÈME BAUDOT

ET

LES REVENDICATIONS DE M. MIMAULT

PARIS

TYPOGRAPHIE PAUL SCHMIDT, 5, RUE PERRONET

1888

Le 4 janvier 1888, M. J. Raynaud, ingénieur des Télégraphes, Directeur de l'École supérieure de télégraphie, 103, rue de Grenelle, quittant son bureau à 11 h. 45 du matin pour se rendre à son domicile, 50, boulevard Saint-Germain, avait à peine fait quelques pas dans la rue Bellechasse, quand il entendit un coup de feu tiré derrière lui, en même temps qu'il eut dans le dos la sensation d'un choc violent. Il se retourna et se trouva en face d'un individu qui, sans mot dire et le revolver au poing, continuait à tirer sur lui à bout portant. Quatre balles l'atteignirent, dont une dans la région lombaire et deux dans le bras ; il tomba. Cependant il ne perdit pas connaissance immédiatement et, après un pansement sommaire opéré dans une pharmacie du voisinage, il fut transporté sur un brancard à son domicile. Huit jours plus tard, il mourait, après d'atroces souffrances provoquées par la blessure qu'il avait reçue dans la région lombaire.

Après avoir déchargé les six coups de son arme, le meurtrier fut arrêté et conduit au poste de police. Là, il déclara se nommer Louis-Victor Mimault, exercer la profession d'ingénieur civil, et être le véritable inventeur de l'appareil télégraphique imprimeur multiple, employé par l'Administration des télégraphes sous le nom d'appareil Baudot. D'après lui, l'Administration et surtout M. Raynaud auraient toujours favorisé M. Baudot à son détriment à lui, Mimault, le véritable inventeur. Il aurait demandé aux Tribunaux de lui rendre justice ; mais, après avoir gagné son procès contre M. Baudot en première instance, il l'aurait perdu en appel. L'arrêt de la Cour de Paris aurait été cassé ensuite par la Cour de cassation et l'affaire renvoyée devant la Cour d'Amiens, qui aurait définitivement donné raison à son adversaire. Alors, ruiné par les frais du procès et la construction de ses appareils, il aurait demandé à l'Administration 100,000 francs et la croix de la Légion d'honneur. Le matin même, il aurait reçu une lettre signée Raynaud qui l'informait du rejet de ses demandes. Alors il se serait vengé sur M. Raynaud, qu'il considérait comme la principale cause de ses déboires.

Quand on lui dit que sa victime n'était pas morte, il dit « qu'il ne s'expliquait pas cela, qu'il était cependant bon tireur, qu'il avait tiré à bout portant (c'était vrai, le drap du vêtement avait été brûlé) et que son revolver, un Bull du calibre de 9 millimètres, était excellent ! »

Quand on lui apprit la mort de M. Raynaud, il se borna à dire : « C'est bien fait ! il m'avait volé ! »

Dès le lendemain du crime, les journaux commentèrent ce triste événement.

Ils rappelèrent que, dans le courant de l'été de 1886, Mimault s'était déjà servi de son revolver qu'il avait déchargé à bout portant sur un groupe d'élèves de l'École polytechnique stationnant sur le boulevard Saint-Michel. Les blessures des victimes n'avaient pas été très graves, et après quelques mois de prévention, une ordonnance de non-lieu avaient été rendue en faveur du meurtrier. Les journaux ne disaient pas ce qui lui avait valu cette faveur.

Bientôt, des amis de Mimault publièrent dans les journaux des lettres dans lesquelles ils renchérirent sur les déclarations de celui-ci. Suivant eux, la véritable victime, digne de toute la sollicitude des honnêtes gens, n'était pas le blessé, mais bien Mimault ! un homme de génie qui avait été indignement « volé » par M. Baudot, avec la complicité de M. Raynaud et de l'Administration. Celle-ci, du reste, avait reconnu implicitement les droits de Mimault en lui donnant une somme de 8,000 francs pour qu'il laissât M. Baudot tranquille ! Elle lui avait même donné d'autre argent depuis, pour obtenir son silence. Comment le malheureux inventeur, réduit à la misère par les frais de son procès et par la construction de ses appareils, aurait-il pu voir de sang-froid son invention rapporter à d'autres, honneurs et richesses? Car M. Baudot était millionnaire et officier de la Légion d'honneur!! etc...

La plupart des journaux reproduisirent ces articles, et on put croire qu'une grande iniquité avait été commise!

Pour tous ceux qui ont connu M. Raynaud, qui savent quel digne et honnête homme c'était; pour tous ceux qui connaissent M. Baudot, qui l'ont suivi depuis quinze ans dans les travaux incessants qui lui ont permis de réaliser le remarquable appareil que l'on connaît, il n'est pas nécessaire de répondre aux attaques calomnieuses dirigées contre eux ; mais la calomnie a pénétré dans le grand public qui ne sait que ce que les journaux lui apprennent, et nous avons voulu permettre à la presse de réparer le mal qu'elle a fait en lui apprenant la vérité sur toute cette affaire.

Tel est le but de cette Note.

I

Historique du Procès intenté par M. Mimault à M. Baudot
et à l'Administration des Télégraphes

A l'origine de la télégraphie électrique on employait autant de fils de ligne distincts qu'on avait de lettres différentes à transmettre· Le courant électrique parvenant au poste de réception par un fil choisi parmi les vingt-cinq qui composaient la ligne télégraphique, représentait la lettre correspondant à ce fil.

Cette multiplicité des fils eut été un obstacle sérieux à l'extension du nouveau moyen de correspondance, par suite de la difficulté d'isoler les uns des autres un si grand nombre de conducteurs et surtout à cause de la dépense considérable qu'un tel système eût entraîné.

Aussi les efforts des inventeurs ont-ils porté surtout sur la réduc-tion du nombre des fils de ligne.

En utilisant les deux effets distincts que peut produire un courant électrique, suivant qu'il est emprunté à l'un ou à l'autre des deux pôles de la pile, on put déjà réduire ce nombre de moitié; mais la réduction opérée put être bien plus importante quand on pensa *à représenter chaque lettre*, non plus par un signe unique et distinct, mais *par une des diverses combinaisons complexes qu'on peut faire avec un petit nombre de signaux distincts*.

En différenciant chaque signal par le numéro du fil de ligne qui sert à le transmettre, et en employant seulement six et même cinq de ces fils de ligne, on obtient un nombre de combinaisons différentes suffisant pour représenter toutes les lettres (1).

En utilisant les deux sens du courant comme éléments de différenciation des signaux, chaque fil peut fournir l'un ou l'autre de deux signaux distincts, et on put ainsi réduire le nombre de ces fils à trois (2).

En différenciant les effets du courant électrique par le *moment* de l'émission de celui-ci, ou par sa *durée*, et en combinant ensemble ces divers moyens pour représenter les *lettres* de l'alphabet, on put réduire le nombre des fils de ligne à *un seul*. C'est ainsi que sont formés les signaux dans la plupart des systèmes télégraphiques actuels.

On est allé plus loin encore dans cette voie de la réduction du nombre des fils ; en profitant de l'extrême rapidité de propagation du flux électrique, on put mettre le fil successivement en relation avec plusieurs employés et obtenir ainsi plusieurs transmissions simultanées par un seul fil.

En 1873, toutes les administrations télégraphiques du monde employaient depuis longtemps un appareil donnant les dépêches sous forme de signaux conventionnels (combinaisons de traces longues ou brèves sur un ruban de papier) que l'employé devait traduire en écriture ordinaire, — c'était l'appareil *Morse* — qui est encore actuellement d'un usage général.

Concurremment avec le *Morse*, l'administration française utilisait deux autres systèmes pour l'exploitation de ses lignes importantes : l'appareil *Hughes* donnant les dépêches en caractères typographiques ordinaires, et l'appareil *Meyer* qui permettait à quatre employés de travailler simultanément sur un même fil. Les signaux obtenus dans ce dernier appareil étaient ceux du langage *Morse*, et nécessitaient par conséquent une traduction à l'arrivée.

Tels étaient, en dehors d'autres systèmes qu'il est inutile de mentionner ici, les progrès déjà réalisés dans l'art télégraphique en 1873.

---

(1) Si chacun des fils ne peut servir que pour faire *un signal unique*, le nombre des *combinaisons différentes* qu'il est possible de faire avec trois fils sera sept ; avec quatre fils on en peut faire quinze, avec cinq fils, trente et un, avec six fils, soixante-trois, etc.

(2) Si chacun des fils peut servir pour faire l'un ou l'autre de *deux signaux distincts*, le nombre des *combinaisons différentes* qu'il est possible de faire avec deux fils est de huit ; avec trois fils on en peut faire vingt-six, avec quatre fils, quatre-vingt, etc.

Quant aux progrès à réaliser et désirés par l'Administration, ils pouvaient se résumer ainsi :

Utilisation plus complète des fils de ligne existants ;

Obtention des dépêches en caractères typographiques dispensant l'employé préposé à la réception, du travail de traduction des signaux, et, par suite, diminuant les chances d'erreur.

C'est alors que M. Mimault, employé des télégraphes à Poitiers, présenta à l'Administration, en janvier 1874, un projet de système télégraphique qu'il venait de faire breveter, le 17 du même mois, sous le nom de « *Système de télégraphe imprimeur* » (nᵒ 101.939).

Il décrivait deux dispositions *nécessitant l'une et l'autre cinq fils de ligne* (Voir page 39).

La première disposition donnait des traces ou signaux conventionnels, nécessitant une traduction ; la seconde décrivait un mécanisme destiné à opérer automatiquement la traduction des signaux reçus par l'un ou plusieurs à la fois des cinq fils de ligne. Cette traduction donnait pour résultat des lettres ou plutôt des figures pointillées imitant les contours des lettres ordinaires, comme on les exécute dans les travaux de tapisserie. Ce pointillage était effectué par le courant d'une pile spéciale opérant par décomposition électro-chimique sur une feuille de papier préparée convenablement.

Ce projet fut examiné par M. Raynaud, alors sous-inspecteur chargé des études techniques au bureau du matériel de l'Administration centrale à Paris.

Ce fonctionnaire fit observer à l'inventeur que son système était impraticable et constituait moins un progrès qu'un recul dans la science télégraphique ; qu'il existait des appareils avec lesquels tout le travail pouvant être effectué par *un employé*, était écoulé par *un fil de ligne unique* (Morse, Hughes) ; qu'il existait même des appareils avec lesquels le travail *de plusieurs employés* pouvait être écoulé par *un seul fil* (Meyer, Wheatstone) ; et que, par conséquent, il n'y avait pas lieu, pour l'Administration, d'adopter un système avec lequel le travail *d'un seul employé* exigeait, pour sa transmission, *5 fils de ligne* au lieu d'un. Il termina en l'engageant à tenir compte des besoins de l'Administration et à modifier ses idées dans ce sens.

Au mois de juillet suivant, M. Mimault transmit à l'Administration un nouveau projet d'appareil permettant à plusieurs employés de travailler sur un seul fil.

Le mémoire soumis à l'Administration était la copie d'un brevet

que l'inventeur s'était fait délivrer le 4 juillet 1874, sous le nom de
« *Télégraphe imprimeur à transmission multiple par un fil* »
(n° 104.153).

L'appareil décrit n'était pas un télégraphe imprimeur, en ce
sens qu'il n'imprimait pas les dépêches en caractères typographiques ;
c'était un télégraphe à traces comme l'appareil Meyer en usage à cette
époque, utilisant même le distributeur et le récepteur à hélice de ce
système, mais employant des signes conventionnels très différents de
ceux du langage Morse que le Meyer employait. Ces signes conventionnels avaient pour base les principes exposés dans le brevet que
M. Mimault avait pris en janvier de la même année. Pour des considérations inspirées par les exigences du service (1), ce nouveau projet ne
reçut pas l'approbation de l'Administration. Il n'offrait pas, selon
elle, d'avantages marqués sur l'appareil Meyer ; et le langage Morse
lui parut devoir être conservé de préférence à tout autre pour des
raisons d'ordre général qui furent du reste exposées à l'inventeur.

Vers la même époque (août 1874), M. Raynaud eut à étudier
un projet de système télégraphique multiple imprimeur, présenté par
M. Baudot, alors simple employé de la Station centrale de Paris
(Voir page 51). Ce projet breveté par son auteur à la date du
17 juin 1874, sous le nom de « Système de télégraphie rapide »
(n° 103.898), avait trait à un appareil permettant d'obtenir des
dépêches *imprimées en caractères typographiques,* et n'exigeait
qu'un seul fil de ligne pour écouler le travail de plusieurs employés.
L'inventeur fut invité à compléter les documents pouvant servir à
éclairer la Commission de perfectionnement qui devait donner son
opinion sur ce système.

Cette Commission, composée des hommes les plus compétents en
matière télégraphique :

MM. BLAVIER, inspecteur divisionnaire, *président ;*
    HÉQUET, chef de la station centrale de Paris ;
    RAYNAUD, chargé des études techniques à l'Administration centrale ;
    CLÉRAC, chef du service de contrôle du matériel ;
    CHARLES, chef des ateliers de l'Administration ;

examina les nouveaux projets de M. Baudot, vers la fin d'avril 1875,
et fit ensuite un rapport proposant à l'Administration de permettre
à cet inventeur de réaliser les parties essentielles de son projet en

____

(1) Voir page 56.

l'autorisant à les faire construire dans les ateliers de l'État (1). Un crédit de 2,000 francs fut ouvert dans ce but au chef de ces ateliers.

Ce rapport fut approuvé, et M. Baudot put, sans épuiser ce crédit, *exécuter un appareil qui fut avec succès expérimenté en ligne à la Station centrale, le 15 décembre suivant.*

La Commission fit à cette date un nouveau rapport proposant à l'Administration de faire construire deux appareils complets à quintuple transmission du nouveau système (Voir page 59).

Ces appareils furent mis en construction dans les ateliers Dumoulin-Froment et brevetés le 2 mars 1876 sous le nom de *Système d'appareil télégraphique multiple imprimeur* (nº 111.719).

Déjà M. Mimault, prétendant que cette fabrication constituait une contrefaçon de l'invention brevetée par lui le 17 janvier 1874, avait fait saisir les fragments d'appareil provenant des essais faits dans les ateliers de l'Administration (20 janvier 1875), mais il ne fit suivre cette saisie d'aucune poursuite.

Jusqu'alors ses divers projets : (appareils à cinq fils à traces; appareils à cinq fils pointillant des figures imitant les lettres de tapisserie ; appareil multiple à un fil donnant des traces destinées à remplacer les signaux du langage Morse) avaient été repoussés par la Commission comme ne constituant pas un progrès sur les systèmes en usage; il se décida alors à s'occuper d'appareils imprimeurs, et lorsqu'il se crut assez avancé dans ses recherches, il en fit la déclaration devant la Commission. Le président lui demanda de faire connaître ses projets, pour qu'il pût être mis à même de les faire exécuter dans les ateliers de l'Administration, s'ils étaient jugés réalisables. Il promit d'apporter ses plans dans la huitaine. (Séance de la Commission du 5 octobre 1876.)

A la date convenue, M. Mimault ne parut pas; mais M. Blavier, président de la Commission, reçut bientôt une lettre de lui dans laquelle il annonçait son intention de prendre prochainement un nouveau brevet et d'en donner ensuite communication à l'Administration (2).

La Commission n'en entendit plus parler.

---

(1) Ce rapport de la commission de perfectionnement mentionne les projets Mimault dont il a été parlé plus haut (Voir page 55).

(2) Ce n'est qu'en 1886, c'est-à-dire dix ans plus tard, que M. Mimault donna suite à ce projet !

Le 17 juin 1877, il faisait opérer une saisie descriptive de l'un des appareils Baudot, construits dans les ateliers Dumoulin-Froment, et intentait à M. Baudot un procès en contrefaçon.

Ce n'est pas que M. Mimault trouvât aucune ressemblance entre les dispositions imaginées par lui et celles que M. Baudot avait adoptées dans son appareil, mais il prétendait que la progression géométrique qui constituait le principe essentiel de son système était aussi la base des appareils Baudot. Il prétendait en outre que le fait d'avoir fait breveter un appareil dans lequel l'emploi de 5 éléments obtenus par l'usage de 5 fils de ligne et dont les combinaisons au nombre de 31 pouvaient servir à représenter 31 lettres, lui donnait un droit exclusif sur tout appareil employant le même nombre d'éléments pour obtenir le même nombre de signaux, même alors que ces éléments seraient obtenus par un seul fil de ligne au lieu de 5, et quelles que fussent du reste les dispositions utilisées dans cet appareil.

En vertu d'une ordonnance de référé du 5 juillet 1877, l'appareil saisi fut remis en qualité de séquestre judiciaire à l'Administration des télégraphes qui, après avoir pris l'avis des hommes compétents, intervint régulièrement pour défendre l'appareil dont elle avait ordonné la construction, et prit fait et cause pour M. Baudot qui, du reste, **avait cédé gratuitement à l'État le libre usage de son invention.**

Ce procès dura jusqu'en 1885 et épuisa toutes les juridictions. Les difficultés techniques qu'il présenta pour les juges furent très grandes ; elles eussent été très simplifiées si les questions en litige avaient pu être examinées et tranchées par des spécialistes qui auraient, dès l'origine, écarté du débat tous les points accessoires et mis la question sur son véritable terrain ; mais la télégraphie étant le monopole de l'État qui était partie au procès, il était impossible de prendre comme experts des télégraphistes pratiques qui, forcément, auraient appartenu à l'Administration des télégraphes. Il en résulta qu'à la suite d'un rapport d'experts peu clair et rempli de contradictions (1), un jugement du Tribunal civil de la Seine, en date du 15 mai 1879, accordait à M. Mimault la propriété du *résultat* consistant à obtenir 31 signaux avec 5 signes élémentaires et à traduire ces signaux ; peu importait du reste que ces signaux fussent obtenus avec 5 fils ou avec un fil unique et que le système mécanique

---

(1) Le Tribunal civil de la Seine avait rendu le 5 juin 1878 un premier jugement par lequel il admettait l'intervention de l'Administration des télégraphes et ordonnait une expertise pour laquelle il commettait MM. Marqfoy, Leroux et Breguet (Voir p. 34).

effectuant la traduction fût d'une sorte ou d'une autre ; il reconnaissait, il est vrai, à M. Baudot la propriété des dispositions ou moyens créés et employés par lui, mais lui interdisait de les exploiter sans le consentement de M. Mimault.

« Attendu, disait ce jugement, qu'il est constant et attesté par le rapport des experts, que, dans le développement des idées communes et dans les détails d'exécution, les deux inventeurs se sont écartés l'un de l'autre, et que Baudot a réalisé ses appareils dans des conditions de nouveauté, et, pour celui de 1876, de perfectionnement qui ne permettent pas de le dépouiller d'innovations qui sont bien réellement à lui ; qu'il suffira, pour sauvegarder les droits de Mimault, de restreindre la portée légale des brevets attaqués à celle de brevets de perfectionnements, donnant à Baudot un droit exclusif sur les changements ou améliorations créés par lui, mais ne l'autorisant pas à exploiter, sans le consentement de Mimault, l'ensemble de ses inventions. »

« Attendu qu'il ne peut être accordé de dommages-intérêts à Mimault, qui ne justifie d'aucun préjudice ; que son appareil, soumis à l'Administration des télégraphes, a été repoussé par elle comme ne se présentant pas dans des conditions suffisamment pratiques ; que des hommes de science se sont prononcés dans le même sens ;

« Qu'il n'est pas prouvé que, sans les améliorations réalisées par Baudot, Mimault ait eu l'occasion de l'exploiter ou qu'il ait été troublé dans ces tentatives d'exploitation ; que d'ailleurs la bonne foi d'aucun des défendeurs ne peut être suspectée ; que tous ont pu penser en présence des différences qui distinguent les deux appareils, et qui donnent à celui de Baudot une physionomie toute particulière, qu'aucun reproche de contrefaçon ne pouvait leur être adressé ;

« Attendu que dans ces conditions, la condamnation aux dépens apparait comme une satisfaction suffisante pour le demandeur ; qu'il n'y a pas lieu, pour les mêmes motifs, d'ordonner la publication du jugement. »

Quoi qu'il en soit, le jugement ordonna la confiscation de l'appareil saisi au profit de M. Mimault et réduisit, au regard de ce dernier, la portée des brevets Baudot à celle de brevets de perfectionnement.

Ce jugement ne satisfit ni l'Administration des télégraphes, *ni M. Mimault*, ni M. Baudot ; et *tous* firent appel.

Cependant, avant de donner suite à cette affaire que lui avait léguée l'Administration précédente, M. Cochery, alors ministre des Postes et Télégraphes, avait voulu s'éclairer sur le bien fondé des réclamations de M. Mimault. Pour cela, il s'était adressé à quelques savants pris en dehors de son Administration et dont l'opinion fait autorité en matière d'électricité :

M. Mascart, professeur au Collège de France, membre de l'Institut, directeur du Bureau central météorologique ;

M. Cornu, membre de l'Institut, professeur à l'École polytechnique ;

M. Marié, ingénieur en chef de la Compagnie Paris-Lyon-Méditerranée.

Après avoir étudié tous les documents du procès, ces messieurs rédigèrent une consultation dont la conclusion était que *les revendications de Mimault n'étaient nullement fondées, Baudot n'ayant rien emprunté aux principes du système Mimault* (Voir page 60).

Le 7 mai 1882, la 1re chambre de la Cour d'appel de Paris, présidée par M. le premier président Larombière, rendit, sur conclusions conformes de M. l'avocat général Chevrier un arrêt « *réformant le « jugement du Tribunal civil, et déclarant M. Mimault mal fondé « dans ses demandes, fins et conclusions, l'en déboutant et le « condamnant aux dépens de 1re instance et d'appel envers « toutes parties ainsi qu'à l'amende sur son appel incident.* »

Cette condamnation aux dépens était du reste platonique, car M. Mimault, invoquant son manque de ressources, avait demandé et obtenu l'assistance judiciaire, et les frais de procédure et d'expertise ont dû être payés par l'Administration des télégraphes.

L'affaire vint alors en cassation et la Chambre des requêtes accueillit le pourvoi de M. Mimault. Entre autres choses, celui-ci prétendait avoir « *créé et inventé la progression géométrique* » !!

Le 18 décembre 1883, la Cour de cassation *cassa l'arrêt de la Cour de Paris pour inexacte interprétation de la loi du brevet* et renvoya l'affaire devant la Cour d'Amiens.

Comme à Paris, M. Mimault obtint l'assistance judiciaire et, comme devant la Cour de Paris, Me Huart plaida pour l'Administration, Me Pouillet pour M. Baudot et Me Nouguier pour M. Mimault. Les débats occupèrent la Cour pendant plus de deux semaines, et sept audiences au moins furent consacrées à l'examen de cette affaire qui se termina le 27 mai 1884 par un arrêt remarquablement motivé, clair et précis, rendu sur conclusions conformes de M. le Procureur général Melcot.

Comme l'arrêt de la Cour de Paris, l'arrêt de la Cour d'Amiens « *mettait à néant le jugement du Tribunal civil de la Seine, déclarait Mimault mal fondé dans ses demandes, fins et conclusions, l'en déboutait et le condamnait à tous les dépens* » (Voir page 67).

M. Mimault se pourvut immédiatement près de la Cour de cassation contre l'arrêt de la Cour d'Amiens.

A cette époque, sa situation était des plus précaires. Quoiqu'il n'eût *jamais fait exécuter la moindre partie de ses appareils* et que pour ses procès il eût, comme nous l'avons dit, *obtenu l'assistance judiciaire,* il était à bout de ressources et avait même, paraît-il, contracté des dettes relativement considérables. Mais plusieurs personnages importants appartenant au monde politique et judiciaire s'intéressaient à lui et ils obtinrent du ministre des Postes et Télégraphes qu'une transaction mit fin au procès et que M. Mimault fût réintégré dans les cadres de l'Administration dont il ne faisait plus partie depuis 1876.

M. Baudot protesta de toutes ses forces contre cette façon de terminer le procès qui pouvait faire naître des doutes sur l'inanité des prétentions de Mimault; mais le Ministre lui déclara qu'*il n'était pas libre d'agir autrement,* et passa outre.

M. Mimault reçut 8,000 francs en échange de son acquiescement pur et simple à l'arrêt de la Cour d'Amiens *tant à l'égard de l'Administration qu'à l'égard de M. Baudot* (17 septembre 1884). Mais dans l'acte qu'il signa à ce sujet, il se réservait le droit pour l'avenir, de reprendre les hostilités contre M. Baudot (Voir page 76).

Heureusement pour ce dernier, M. Mimault ayant touché ses 8,000 francs, se borna à retirer son pourvoi à l'égard de l'Administration et, *au mépris de son engagement, continua le procès contre M. Baudot seul.*

L'affaire suivit son cours dans ces nouvelles conditions et *le 4 mai 1885, la Cour de Cassation rendit un arrêt « confirmant « l'arrêt de la Cour d'Amiens, disant que celle-ci avait bien « jugé et que l'action de Mimault en contrefaçon n'était pas « fondée »* (Voir page 76).

Cet arrêt de la Cour suprême terminait ainsi, sans recours possible, et **en dehors de la transaction du 17 septembre 1884,** ce long procès qui n'avait jamais eu sa raison d'être.

II

Historique des relations de M. Mimault avec M. Baudot
et l'Administration des Télégraphes [1]

Il nous reste à faire justice d'une légende qui a fait le tour du Palais, de l'Administration et de la Presse. Elle a été créée par M. Mimault et ses amis, dans le but d'égarer l'opinion publique au sujet des origines du procès.

A en croire cette légende :

M. Mimault serait le véritable inventeur du système télégraphique multiple imprimeur qui porte le nom de M. Baudot;

L'Administration aurait communiqué à M. Baudot, pour qu'il en fit son profit, des documents confidentiels, à elle confiés par M. Mimault;

MM. Baudot et Mimault auraient collaboré ensemble; les uns disent au Mans ou à Poitiers, les autres disent à Paris ou à Bordeaux;

M. Mimault aurait fait des confidences à M. Baudot, et celui-ci en aurait profité pour faire breveter, à son profit, les idées de celui-là;

L'Administration aurait refusé systématiquement de faciliter les travaux de M. Mimault, alors qu'elle accordait toutes ses faveurs à son rival.

M. Baudot se serait enrichi avec son invention, alors que

---

son adversaire, ruiné par la construction de ses appareils et par les frais de justice, était réduit à la misère.

Un historique des faits qui ont précédé et suivi le procès, ainsi que des relations qui ont existé entre ces deux inventeurs et entre ceux-ci et l'Administration des télégraphes, va nous permettre de démontrer la fausseté de toutes ces allégations.

Dans les premiers mois de 1870, MM. Baudot et Mimault se virent à Paris, dans un restaurant de la rue de Bourgogne où un grand nombre d'employés du télégraphe prenaient leurs repas ; mais ils ne se fréquentèrent pas. Le premier était surnuméraire à la Station centrale et le second employé au Bureau urbain de la rue de Grenelle.

Pendant la guerre, M. Mimault, ancien sous-officier de l'armée, fit la campagne comme officier dans un régiment de marche. M. Baudot fit la campagne en qualité de lieutenant du service optique de télégraphie militaire.

Après la guerre, tous deux reprirent leurs fonctions dans la télégraphie civile. M. Mimault fut envoyé à Poitiers, où il resta jusqu'en 1874, et M. Baudot, après avoir passé une année à Bordeaux, revint à Paris en 1872 et y resta définitivement.

A cette époque, comme nous l'avons dit, l'Administration utilisait un appareil avec lequel quatre employés travaillaient simultanément sur un fil de ligne unique. Les signaux utilisés dans cet appareil étaient ceux du langage Morse, composé comme chacun sait, de traces combinées représentant conventionnellement les lettres et les chiffres employés dans la correspondance.

Concurremment avec cet appareil qui était dû à un employé français, M. Meyer, elle en utilisait un autre d'origine américaine connu sous le nom de son inventeur M. Hughes. Dans ce dernier appareil, les lettres et chiffres étaient imprimés en caractères typographiques ordinaires.

Pour tous ceux qui s'intéressaient aux progrès de l'art télégraphique, le problème à résoudre consistait à combiner ces deux systèmes, c'est-à-dire à obtenir des transmissions multiples simultanées sur un fil unique avec l'impression des lettres en caractères typographiques.

Ce fut dans ces conditions que, dans le courant de 1872, M. Baudot s'étant occupé de diverses inventions et de perfectionnements relatifs aux appareils qu'il était appelé à manœuvrer, M. Héquet, inspecteur chef de la Station centrale, lui conseilla de chercher à réaliser un *Hughes multiple*.

En même temps que plusieurs de ses camarades de la Station centrale, M. Baudot s'occupa de chercher la solution de ce problème.

Les recherches qu'il fit à ce sujet le conduisirent dans une voie qui lui parut nouvelle et féconde ; il en parla à son chef, en lui avouant que ses ressources ne lui permettaient pas de subvenir aux frais qu'exigerait la construction d'un appareil ; mais, *comme il avait avant tout, le vif désir de voir ses idées matérialisées* sous la forme d'une machine fonctionnant, il lui déclara qu'*il céderait son invention à l'Administration si celle-ci consentait à la faire exécuter*. M. Héquet l'engagea à présenter ses projets à l'Administration.

Ceci se passait au mois d'octobre 1873.

Il s'agissait d'un appareil imprimeur dans lequel les lettres étaient représentées par les diverses combinaisons de 6 courants envoyés successivement sur un fil de ligne unique. Ces courants étaient reçus à l'arrivée dans 6 électro-aimants correspondant respectivement à chacun d'eux, grâce à l'emploi de distributeurs marchant synchroniquement aux deux extrémités du fil. Le fonctionnement des électro-aimants récepteurs déterminait la mise en mouvement d'une roue portant les types d'impression, au nombre de 63, laquelle se déplaçait et tournait par saccades pour amener le caractère à imprimer au-dessus du papier. L'impression se faisait ensuite et tout revenait en arrière. Les déplacements successifs de la roue étaient inégaux et avaient respectivement des grandeurs de 1/63, 2/63, 4/63, 8/63, 16/63 et 32/63 de circonférence. Les combinaisons de ces déplacements permettaient d'amener la roue dans toutes les positions utiles avec un nombre de mouvement maximum de 6.

Le *travail d'impression* et le *retour en arrière* de tout le système constituaient des opérations locales pour lesquelles *le fil de ligne* et *les organes de réception* étaient inutiles; M. Baudot utilisait ceux-ci pendant ce temps pour une seconde transmission. L'appareil était ainsi *un appareil à transmission double*.

Jusqu'au 25 décembre 1873, M. Baudot qui, faute de ressources, ne pouvait s'adresser aux dessinateurs de profession, ni aux agences de brevets, se fit aider pour les dessins à exécuter par M. Xiffre, un de ses camarades de la Station centrale.

Mais à cette date, et avant l'achèvement de la besogne commencée, cet employé dut quitter Paris. Il partait pour la Cochinchine un mois après.

Vers le milieu de janvier 1874, M. Mimault vint à Paris et rencontra M. Baudot en même temps que plusieurs de ses camarades au restaurant de la rue de Bourgogne.

Dans ce restaurant, M. Mimault disait à qui voulait l'entendre qu'*il avait inventé un appareil qui allait révolutionner la télégraphie!* Il était venu de Poitiers à Paris pour le faire breveter ; *le principe de cet appareil, qui était celui de l'avenir, reposait sur les propriétés de la progression géométrique 1, 2, 4, 8, 16 !*

Quoique M. Mimault ne dit rien des dispositions mécaniques employées par lui pour utiliser ces propriétés des nombres 1, 2, 4, 8, etc. M. Baudot, qui, dans son système, faisait tourner une roue par fractions de 1, 2, 4, 8, 16, 32 soixante-troisièmes de circonférence, pensa que M. Mimault utilisait ces nombres de la même façon que lui, et ne douta pas qu'il eut été devancé dans la réalisation de l'appareil qu'il avait imaginé. Il attendit avec anxiété qu'il pût prendre connaissance du brevet Mimault au Ministère du commerce.

On sait que les brevets ne sont mis à la disposition du public qu'après leur délivrance, c'est-à-dire, en moyenne dans un délai de deux à trois mois, après la date de leur dépôt.

Ce fut dans le courant du mois d'avril que M. Baudot trouva sous le n° 101.939, le brevet accordé à M. Mimault à la date du 17 janvier 1874 pour un « *système de télégraphe imprimeur* ». Le mémoire joint à ce brevet contenait la description de deux appareils, *nécessitant l'un et l'autre 5 fils de ligne.* L'un était *un appareil à traces et à signaux conventionnels*, l'autre donnait *des lettres pointillées, comme des lettres exécutées en points de tapisserie.*

Les extraits suivants de ce brevet précisent la nature et le principe de l'invention :

Mon télégraphe imprimeur est basé sur l'emploi de signes élémentaires correspondant aux cinq premiers nombres de la (*sic*) progression géométrique. D'après ce principe les positions respectives de ces signes sur plusieurs lignes parallèles permettent de constituer un nombre de signaux différents égal à la somme des nombres qui forment cette progression. Les cinq premiers nombres de la (*sic*) progression géométrique étant 1, 2, 4, 8, 16, et leur somme totale 31, nous pouvons au moyen de 5 fils de ligne, obtenir 31 signaux différents en prenant isolément ou en combinant entre eux les 5 signes élémentaires provenant des 5 fils de ligne, etc.

. . . .

Nous avons dit que le principe essentiel de notre système télégraphique reposait sur les 31 signaux distincts que peuvent nous donner 5 traces dont chacune représente l'un des cinq premiers nombres de la (*sic*) progression géométrique ; nous avons ensuite décrit le rameau-conducteur, qui n'est qu'une application mécanique de ce principe à l'effet d'obtenir un signe simple au lieu d'un signe composé, etc.

. . . .

Nous nous reservons d'appliquer les principes qui constituent la base essentielle de notre invention à un système à un seul fil, quelles que soient du reste, les dispositions mécaniques que nous employions pour atteindre ce but, et même en obtenant les avantages d'une transmission multiple au moyen d'un seul fil.

Le brevet se termine par un certain nombre de revendications parmi lesquelles se trouvent les suivantes :

1° Un alphabet à signaux, composé de 5 signes élémentaires, dont chacun représente l'un des cinq premiers nombres de la progression géométrique.

2° La disposition des ressorts sur les touches d'un clavier qui permet de produire un effet multiple par un effet simple.

3° Le rameau-conducteur ou tout mécanisme dont les éléments représenteraient dans leurs fonctions les nombres successifs d'une progression géométrique de façon à traduire un effet multiple par un effet simple.

4° ..... etc..... etc.....

L'organe désigné dans le brevet sous le nom de *rameau-conducteur* est un système de commutateurs destiné à diriger le courant d'une pile locale vers une borne à choisir dans une rangée de 31 bornes. Les commutateurs sont commandés par les armatures des 5 électro-aimants reliés aux 5 fils de ligne.

L'armature du premier électro-aimant étant au repos, un courant local est conduit dans une direction qui se trouverait modifiée si ladite armature était déplacée. Les 2 voies qui peuvent, suivant le cas, être ouvertes au courant local, arrivent à autant de commutateurs commandés par l'armature du deuxième électro-aimant qui, suivant la position qu'elle occupe, peut modifier de deux façons différentes la direction du courant arrivant par l'une ou l'autre des 2 voies.

Les 4 routes, dont l'une quelconque est offerte au courant, arrivent à autant de commutateurs commandés par l'armature du troisième électro-aimant qui, suivant la position qu'elle occupe, peut modifier de deux façons différentes la direction du courant arrivant par l'une ou l'autre des 4 voies.

Les 8 routes, dont l'une quelconque est offerte au courant, arrivent à autant de commutateurs commandés par l'armature du quatrième électro-aimant qui, suivant la position qu'elle occupe, peut modifier de deux façons différentes la direction du courant arrivant par l'une ou l'autre des 8 voies.

Les 16 routes, dont l'une quelconque est offerte au courant, arrivent à autant de commutateurs commandés par l'armature du cinquième électro-aimant qui, suivant la position qu'elle occupe, peut modifier de deux façons différentes la direction du courant arrivant par l'une ou l'autre des 16 voies.

32 conducteurs partent donc des commutateurs commandés par le cinquième électro-aimant.

Pour éviter l'usure inutile de la pile, le conducteur, suivi par le courant local lorsque toutes les armatures sont au repos, est supprimé.

Les 31 autres arrivent à autant de bornes à partir desquelles un système multiplicateur conduit le courant à l'un ou l'autre de 62 électro-aimants. Chacun de ceux-ci détermine l'impression en pointillé par décomposition électro-chimique des contours du signe (lettre ou chiffre) auquel il correspond.

Dans le circuit de la pile est intercalé un électro-aimant spécial qui fait avancer le papier après chaque impression.

Comme on le voit, rien n'était moins semblable au système imaginé par M. Baudot. Même en admettant que M. Mimault pût appliquer son invention à un système à un seul fil et à transmission multiple, il était évident que les deux systèmes eussent été très différents. Mais on pouvait se demander si le système Baudot n'allait pas sous le coup de la revendication du brevet Mimault : *ou tout mécanisme dont les éléments représenteraient dans leurs fonctions les nombres successifs d'une progression géométrique, etc.* Malgré la différence absolue des deux inventions, cette revendication pouvait être matière à discussion si, avant M. Mimault, personne n'avait employé ou décrit « un mécanisme dont les éléments représenteraient dans leurs fonctions les nombres successifs d'une progression géométrique, de façon à traduire un effet multiple par un effet simple ».

Dans la négative, M. Baudot pouvait cependant se soustraire à la revendication générale du brevet Mimault en remplaçant les grandeurs des mouvements imprimés à sa roue, qui, pour donner à celle-ci 63 positions différentes, devaient être respectivement de 1, 2, 4, 8, 16 et 32 soixante-troisièmes de révolutions, par d'autres grandeurs permettant de donner à cette roue un nombre moindre de positions, suffisant cependant pour les lettres et chiffres à imprimer.

Ainsi, par exemple, 53 positions différentes auraient pu être donnnées à la roue au moyen de 5 mouvements au maximum, ayant des grandeurs respectives de 1, 2, 3, 7, 13, 27 cinquante-troisièmes de circonférence.

M. Baudot n'eut pas recours à ce subterfuge. L'étude approfondie qu'il avait faite des divers systèmes télégraphiques inventés avant lui, lui avait appris que *M. Mimault n'avait aucun droit à formuler les revendications ci-dessus.*

Il savait :

1º Que Morse en 1832, Whitehouse en 1855 et d'autres avaient obtenu 63 combinaisons de traces avec 6 fils et 31 avec 5 fils — et cela sans avoir aucunement besoin de représenter ces traces par des nombres quelconques.

2º Que Whitehouse en 1855, Gauss et Weber en 1834 et d'autres avaient obtenu 31 signes composés par les combinaisons de 5 signaux successivement transmis sur un même fil de ligne.

3º Que Whitehouse employait un clavier alphabétique dans lequel chaque touche préparait et effectuait la combinaison des 5 émissions de courant successives ou simultanées à faire sur un fil unique ou sur 5 fils, suivant le système.

4° Que Highton en 1845, dans le but de faciliter la traduction des combinaisons de traces successivement reçues sur une bande de papier, attribuait à chacune de ces traces et suivant leur rang, des valeurs numériques qui étaient les puissances successives de 2, c'est-à-dire :

$$2^0 = 1$$
$$2^1 = 2$$
$$2^2 = 4$$
$$2^3 = 8$$
$$2^4 = 16$$
$$2^5 = 32$$
$$2^6 = 64$$
$$2^7 = 128, \text{ etc.}$$

En sorte que la somme des valeurs représentées par les traces reçues donnait un nombre qui correspondait à une lettre ou même à une phrase. C'était *l'application de la numération binaire à la traduction des signaux conventionnels en télégraphie* (Voir page 38).

5° Que les frères Highton en 1848, avaient fait une série d'appareils employant plusieurs fils de ligne et utilisant non seulement le passage d'un courant électrique sur un fil pour obtenir un signal distinct, mais utilisant les 2 sens de ce courant pour que chaque fil pût fournir, au choix, l'un ou l'autre de 2 signaux différents. Ce qui permettait de réduire de moitié le nombres des fils.

Dès 1838, Davy avait obtenu ce résultat ; mais les frères Highton réalisaient un perfectionnement important, en ce sens que leur appareil *traduisait automatiquement, en un caractère typographique imprimé*, les diverses combinaisons de signaux que leur permettaient l'emploi de 3 fils et l'utilisation des 2 sens du courant, c'est-à-dire 26.

Chaque fil aboutissait à un électro-aimant commandant 2 armatures inversement polarisées. Par l'intermédiaire de leviers et de cordes, une roue portant 26 types était commandée par 6 armatures, de façon à amener le type à imprimer au-dessus de la bande de papier.

A cet effet, les 3 armatures commandées par les courants positifs faisaient tourner respectivement la roue de 1, 3, 9 divisions, et celles commandées par les courants négatifs de 2, 6, 18 divisions.

En actionnant les 6 armatures soit seules, soit combinées, on pouvait amener la roue dans l'une quelconque de 26 positions différentes et par suite le type au-dessus de la bande. L'impression s'effectuait alors par un mécanisme particulier, puis tout revenait au repos.

Dans une autre disposition, les armatures n'avaient pas de travail mécanique à exécuter, elles n'avaient qu'à aiguiller un courant local, de façon à l'amener sur un électro-aimant déterminé, parmi 26 électro-aimants semblables, dont le fonctionnement amenait la projection contre une bande de papier, d'un caractère gravé sur une tige commandée par son armature. Dans ce but, chacune des armatures commandées par les 3 électro-aimants de ligne était munie d'appendices en forme de ⌐ destinés à établir des communications électriques entre des godets de mercure dans lesquels ils

2

pouvaient plonger. Les 2 armatures du premier électro-aimant étant au repos, un courant local était conduit dans une direction qui se trouvait modifiée si l'une ou l'autre des armatures était déplacée.

Les 3 voies qui pouvaient, suivant le cas, être ouvertes au courant local, arrivaient aux appendices des armatures du deuxième électro-aimant qui, suivant les positions qu'elles occupaient, pouvaient modifier de trois façons différentes la direction du courant arrivant par l'une ou l'autre des 3 voies.

Les 9 routes, dont l'une quelconque était offerte au courant, arrivaient aux armatures du troisième électro-aimant qui, suivant leur position, pouvaient les continuer dans l'une ou l'autre de 3 directions différentes ; 27 conducteurs partaient donc des armatures du troisième électro-aimant.

Pour éviter l'usure inutile de la pile, le conducteur suivi par le courant local, lorsque toutes les armatures étaient au repos, était supprimé. Les 26 autres étaient reliés respectivement aux 26 électro-aimants imprimeurs. Dans le circuit de la pile, était intercalé un électro-aimant spécial qui faisait avancer le papier après chaque impression.

6° Que Wheatstone en 1858, avait imaginé un traducteur des signaux de points sur deux lignes fournis par son appareil automatique à 2 styles. C'était une roue portant 30 types et commandée par deux rangées parallèles de 4 touches.

Les 4 touches de la première rangée faisaient tourner respectivement la roue de 1, 2, 4, 8 divisions quand elles étaient actionnées ; celles de la deuxième rangée la faisaient tourner de 2, 4, 8, 16 divisions. Le caractère correspondant à la combinaison de signaux effectuée était alors amené dans une certaine position où il s'imprimait sur une bande de papier.

Or, si le brevet Mimault avait été pris avant toutes ces inventions, il est certain qu'*elles seraient tombées sous le coup des revendications de ce brevet*, les unes parce qu'*elles employaient les 31 combinaisons de 5 signes obtenus avec 5 fils ou avec 1 fil de ligne* (Morse 1832, Whitehouse 1855, Grauss et Weber, 1834) ; les autres parce qu'elles utilisaient *un clavier* alphabétique *préparant automatiquement la combinaison de signaux à exécuter et produisant ainsi un effet multiple par un effet simple* ; (Highton 1848, Whitehouse 1855) ; les autres encore parce qu'au moyen d'*un système de commutateurs dirigeant le courant d'une pile locale à travers des chemins bifurqués qui le conduisaient à autant d'électro-aimants imprimeurs qu'il y avait de combinaisons différentes à traduire, elles traduisaient en un effet simple les signaux multiples* reçus par plusieurs fils (Highton 1848). Il n'est pas jusqu'à l'*économie de courant donnée par la suppression de la voie de repos* et le *procédé employé pour faire avancer le papier* (Highton 1848), qui n'eussent été des imitations des procédés brevetés par M. Mimault. D'autres eussent été contrefacteurs parce qu'*ils appliquaient la numération binaire au numérotage des traces* pour faciliter la traduction des combinaisons de celles-ci (Highton 1845). Et enfin plusieurs employaient *des mécanismes dont les éléments représentaient dans leurs fonctions des nombres successifs d'une progression géométrique, de façon à traduire un effet multiple par un effet simple* (Highton 1848, Wheatstone 1858).

Seul, peut-être, le mode d'impression en pointillé par décomposition électro-chimique n'aurait pas eu d'imitateurs!

Mais toutes ces inventions dataient de loin! (1832, 1838, 1845, 1848, 1855, 1859) et toutes avaient enrichi le domaine public dans lequel il est loisible à tout le monde de prendre ce qui lui convient.

M. Baudot n'avait donc pas à se préoccuper des revendications du brevet Mimault ; aussi résolut-il de prendre lui même un brevet pour son invention qui, comme on l'a vu, *différait absolument de celle de M. Mimault*, tant au point de vue du *but proposé* qu'à celui des *moyens mis en œuvre* pour l'atteindre.

Depuis plusieurs mois, M. Vicart, employé à la Station centrale, prêtait à M. Baudot le concours de son talent de dessinateur ; mais il ne pouvait guère y consacrer que quelques heures prises sur ses nuits. Aussi le travail de préparation des dessins fut-il assez long, et ce n'est que le 17 juin 1874 que M. Baudot put déposer sa demande de brevet.

Quinze jours après (4 juillet 1874), M. Mimault déposait une seconde demande de brevet pour un *télégraphe imprimeur à transmission multiple par un fil*. Ce brevet porte le n° 104.153.

Ce second brevet Mimault est précieux en tant que document, car il est le complément de son brevet de janvier qui décrivait des « appareils à cinq fils », mais dans lequel il s'était réservé d' « *appliquer ses principes à un appareil à un seul fil, même* « *en obtenant les avantages d'une transmission multiple* ».

On doit donc s'attendre à trouver dans ce brevet le *sens*, la *direction* de ses travaux, *les moyens* qu'il entend employer pour appliquer « *ses principes* » à un télégraphe « *multiple imprimeur* « *à un seul fil* ».

Or, l'appareil décrit dans ce brevet est *un appareil à traces* et à signaux conventionnels, et nullement *un appareil imprimant* les dépêches en caractères typographiques, comme semble l'indiquer le titre du brevet. Tout le mécanisme décrit est celui qui est employé dans l'appareil *Meyer* dont le nom n'est cependant pas mentionné dans le Mémoire Mimault.

Vers le mois de septembre suivant, M. Baudot imaginait l'organe qu'il a désigné depuis, sous le nom de *combinateur à règles et disques dentés* ; et bientôt après, son *combinateur électrique* qu'il ne fit breveter toutefois que le 17 juin 1875, c'est-à-dire avant l'expiration de la première année de son brevet.

Le 26 novembre 1874 (cinq mois après la prise du brevet Baudot du 17 juin), M. Mimault ajoutait à son brevet du 4 juillet un certificat d'addition dans lequel il développait le binôme de Newton pour en déduire le nombre de combinaisons de m traces élémentaires prises n à n ; mais dans lequel *il ne décrit ni n'indique aucun mécanisme*. C'est un chapitre d'un ouvrage de mathématiques.

Jusqu'au mois de juin 1874, MM. Mimault et Baudot se voyaient peu et seulement lorsque le premier venait au restaurant de la rue de Bourgogne pour y voir plusieurs de ses amis. Mais lorsque le premier sut que le second s'occupait de la question des appareils télégraphiques multiples imprimeurs, il rechercha sa compagnie et celle de ses amis.

Souvent, entre eux, s'élevaient des discussions dans lesquelles ils cherchaient mutuellement à se convaincre du mérite respectif de leurs inventions.

M. Mimault, tenant bon pour les appareils à signaux conventionnels dans lesquels les traces avaient des valeurs cotées numériquement.

M. Baudot, défendant les appareils imprimant les caractères typographiques.

M. Mimault déclara, du reste, plus tard à M. Baudot lui-même, *qu'il ne l'avait fréquenté et ne s'était lié avec ses amis que pour être ainsi tenu au courant de ses travaux !*

Jusqu'au mois de juin 1875, M. Baudot dut faire, sans interruption, son service régulier à la Station centrale. A cette époque, il fut envoyé aux ateliers, à la suite d'un rapport de la commission de perfectionnement (Voir page 59).

Quant à M. Mimault, il avait obtenu successivement plusieurs congés et n'était, par conséquent, astreint à aucun service.

Vers le mois de septembre 1875, M. Baudot commença à expérimenter son appareil d'essai construit dans les ateliers de l'Administration, et M. Mimault commença à craindre le succès des appareils imprimeurs. Les rapports entre les deux inventeurs se tendirent, et M. Mimault commença à accuser M. Baudot d'être sur son terrain.

Bientôt après, en décembre, l'appareil d'essai fut essayé en ligne et ce fut un succès pour M. Baudot. La brouille s'accentua ; M. Mimault accusa nettement M. Baudot de lui avoir pris son invention et le menaça d'un procès en contrefaçon.

M. Baudot lui indiqua, *pour le cas où il ne les aurait pas connues*, les antériorités qui lui avaient permis de prendre son brevet de juin 1874, malgré la revendication du brevet Mimault que celui-ci n'avait pas eu le droit de faire ; il lui dit même qu'il avait abandonné le système décrit dans ce brevet de juin 1874 et qu'*il en avait imaginé un autre dans lequel il n'y avait plus de progression géométrique*. Mimault lui répondit que, s'il en était ainsi, il n'avait rien à dire, mais qu'*il lui semblait impossible qu'on pût faire quelque chose de sérieux en télégraphie sans cette progression!*

Peu après, directement d'abord, puis par divers intermédiaires, M. Mimault fit à son rival des propositions d'association.

Ces propositions furent très variables : *15 % dans les bénéfices*, mais *pas de mention du nom de Baudot* dans la raison sociale! Il alla d'autres fois jusqu'à 50 % et poussa la condescendance jusqu'à consentir à ce que *l'appareil fait par M. Baudot* s'appelât l'appareil Mimault-Baudot!

M. Baudot lui répondait toujours par une fin de non-recevoir : — il n'avait aucun besoin de s'associer avec personne ; il avait étudié son appareil tout seul, il l'achèverait et le perfectionnerait seul! A quoi lui servirait une association avec M. Mimault? Et pourquoi avec lui plutôt qu'avec un autre?

Vers cette époque, la construction d'un appareil Baudot quintuple fut décidée par l'Administration, M. Mimault comprit alors qu'il n'avait plus à espérer aucun succès pour ses appareils à traces ; aussi, voyant lui échapper la fortune sur laquelle il avait compté et qu'il avait escomptée, — il l'a déclaré lui-même — il eut des colères terribles, et M. Baudot fut prévenu d'avoir à se tenir sur ses gardes.

Le 2 mars 1876, M. Baudot prit un nouveau brevet pour l'appareil dont la construction allait être commencée dans les ateliers Dumoulin-Froment.

Le 20 mars, M. Mimault fit saisir une partie de l'appareil d'essai qui avait été construit dans les ateliers de l'Administration.

Bientôt après, cependant, il déclarait à la Commission qu'il était en mesure de lui présenter un projet de multiple imprimeur. La Commission lui demanda ses plans, *lui promettant, s'ils étaient réalisables et s'ils constituaient un progrès, de faire pour lui ce qui avait été fait pour M. Baudot.* Il n'avait pas de plans ; *mais il promit de les apporter huit jours après.*

La Commission n'en entendit plus parler.

Au lieu de les porter à l'Administration il communiqua ses projets quelques mois plus tard à M. du Moncel, après avoir fourni à celui-ci des renseignements au sujet de sa querelle avec M. Baudot et l'Administration.

M. du Moncel l'encouragea d'abord à la lutte et lui promit même son concours ; mais, en examinant la question avec plus d'attention, ce savant ne tarda pas à s'apercevoir qu'il faisait fausse route, et ce fut alors qu'il écrivit à M. Mimault la lettre visée dans l'arrêt d'Amiens (Voir page 74).

Le 15 juin 1877, Mimault fit saisir dans les ateliers Dumoulin-Froment l'un des deux appareils quintuples que l'Administration y faisait construire.

Le procès était commencé.

On en connait les péripéties et le dénouement.

On a vu plus haut que, après avoir reçu 8,000 francs et avoir signé un acte d'acquiescement à l'arrêt de la Cour d'Amiens, M. Mimault continua son procès contre M. Baudot. La lettre suivante, adressée à M. Caël, directeur-ingénieur de la région de Paris, montre le but qu'il poursuivait.

Paris, 3 janvier 1885.

MONSIEUR LE DIRECTEUR INGÉNIEUR,

Désirant terminer le différend qui existe entre M. Baudot et moi, je vous serais très reconnaissant de vouloir bien lui proposer de ma part de m'accorder vingt-cinq mille francs sur les fonds qui lui ont été versés par la Société qui exploite ses brevets à l'étranger, et, de plus, un tiers dans les bénéfices que ladite Société lui abandonne après le remboursement de ses actions.

Moyennant ces conditions, je suis disposé à renoncer à mon pourvoi en cassation vis-à-vis de lui, ainsi que je l'ai fait vis-à-vis du ministre.

Veuillez agréer, etc.

Signé : MIMAULT.
8, rue Claude-Bernard.

M. Baudot répondit à cette lettre par un refus formel.

Le 4 mai suivant, la Cour de cassation faisait définitivement justice des prétentions de M. Mimault.

La Société à laquelle fait allusion la lettre ci-dessus, est une Société anonyme, fondée en 1882, pour l'exploitation, *à l'Étranger*, des brevets Baudot, relatifs à la télégraphie. Les brevets étrangers exploités par cette Société lui assurent la propriété du *type d'appareil perfectionné, inventé par M. Baudot en 1882*, ainsi que *des autres inventions de celui-ci, brevetées postérieurement à cette époque* (1).

Il est donc bien certain que M. Mimault, qui s'était attaqué à un *brevet français*, pris par M. Baudot en 1876 pour un appareil tout différent, appartenant à l'Administration française, ne pouvait avoir aucun prétexte à s'immiscer dans les affaires de cette Société, qui elle-même n'avait aucun intérêt dans le procès.

Bientôt après, M. Mimault, qui avait été réintégré dans les cadres de l'Administration, déclara s'occuper d'un projet *d'adaptation de l'appareil Hughes à la transmission multiple*. Il fut alors dispensé de tout service, et un dessinateur fut mis à sa disposition, afin de lui permettre de donner une forme aux idées qu'il voulait exposer devant la Commission chargée de l'examen de son projet, pour lequel il prit un nouveau brevet d'invention.

C'est vers cette époque (juillet 1886) que, sans provocation d'aucune sorte, il tira à bout portant quatre coups de revolver sur un groupe d'élèves de l'École polytechnique, stationnant devant un café du boulevard Saint-Michel.

Cette affaire n'eut pas le retentissement sur lequel il devait vraisemblablement compter, et après quelques mois de prévention, il fut rendu à la liberté à la suite d'une ordonnance de non-lieu.

Rentré dans l'Administration, il reçut du Ministère, à diverses reprises, des sommes assez importantes en sus de son traitement, qui continua à lui être payé régulièrement dans les mêmes conditions qu'auparavant, c'est-à-dire sans qu'il fit aucun service.

Ces faits se passaient pendant le ministère Granet.

Ce qui s'est passé ensuite a été raconté par M. Coulon, Direc-

---

(1) A ce propos, il n'est peut-être pas inutile de rappeler ici, que sur le désir exprimé par le Ministre des Postes et des Télégraphes, lors de la constitution de cette Société, le Conseil d'administration, agissant au nom de celle-ci, a déclaré connaître et approuver l'abandon consenti par M. Baudot en faveur de l'État français, de tous les droits que pouvaient lui conférer ses brevets vis-à-vis de ce dernier.

teur général des Postes et des Télégraphes, dans une conversation qui a été publiée dans le journal *le Temps* (15 janvier 1888) :

Lorsque j'ai été nommé Directeur Général, j'ai vu apparaître M. Mimault dans mon cabinet ; il est entré dans de longues explications, et, comme elles me paraissaient fort confuses, je lui ai demandé de les préciser dans une lettre. Il m'adressait quelques jours après une requête tendant :

1° A la présentation d'un projet de loi prolongeant la durée de ses brevets ;

2° A l'allocation d'une indemnité de 100,000 francs ;

3° A l'obtention des sommes nécessaires pour l'application de ses inventions ;

4° A l'obtention d'un grade plus élevé et à la décoration de la Légion d'honneur.

Je soumis régulièrement ces demandes à la Commission consultative des Postes et des Télégraphes.

Après un examen consciencieux, elle jugea qu'elles étaient absolument sans fondement, mais que cependant il y avait lieu, par mesure purement gracieuse, de mettre à la disposition de M. Mimault les ateliers de l'Administration, son personnel et son matériel, pour lui permettre de construire ses appareils et d'en faire l'essai.

M. Mimault n'avait cessé de prétendre qu'il était un inventeur méconnu. Cet avis devait donc combler tous ses vœux, puisqu'il le mettait en mesure de faire connaître ses inventions.

Eh bien, c'est le 4 janvier au matin qu'il recevait notification de la décision prise, conformément à l'avis de la Commission, et c'est immédiatement après qu'il armait le revolver qui devait tuer Raynaud.

— Mais comment expliquer qu'une décision aussi bienveillante ait pu motiver son exaltation ?

— Je ne puis l'expliquer que par ce motif que M. Mimault désirait beaucoup moins l'application de ses prétendues découvertes que le payement d'une somme d'argent et que cette somme lui était refusée.

— Mais avait-il un droit quelconque à l'obtenir ?

— Absolument aucun, puisque je vous ai expliqué qu'il avait librement acquiescé à l'arrêt rendu par la cour d'Amiens. Il demandait 100,000 francs. Il aurait pu, avec autant de raison, demander un million.

— Mais à quel titre M. Raynaud lui avait-il notifié l'avis de la Commission ?

— M. Raynaud ne lui avait nullement notifié cet avis. En affirmant le contraire devant le commissaire de police, M. Mimault a commis une inexactitude flagrante.

Cet avis a été approuvé par moi et notifié par moi.

— Ainsi Mimault a assassiné M. Raynaud en raison d'un acte dont il n'était pas l'auteur et qui était inspiré par la libérale équité ?

— Précisément.

On voit maintenant ce qui reste de la légende créée par M. Mimault et ses amis.

D'abord, l'invention de M. Mimault telle qu'il la formulée en janvier 1874, ne lui a pas été « volée », pour la raison bien simple qu'*il était matériellement impossible qu'elle le fût*. En prenant un brevet avant de communiquer son invention à l'Administration, M. Mimault se garantissait contre toute indiscrétion, *d'où qu'elle pût venir,* et se créait un titre authentique de propriété ; car, aux yeux de la loi l'inventeur véritable est celui qui le premier prend un brevet.

Cela est si vrai qu'à l'heure qu'il est, après l'arrêt de la Cour de Paris, après l'arrêt de la Cour d'Amiens et après l'arrêt de la Cour de cassation qui lui ont donné tort, son brevet est toujours debout et lui garantit la propriété de *l'appareil qui en fait l'objet;* mais on conçoit qu'il ne puisse lui garantir la propriété des *appareils qu'il n'y a pas décrits*, et qui, par d'autres moyens, poursuivant un autre but, donnent un autre résultat.

M. Mimault avait donc pris toutes les précautions possibles pour ne pas être volé ; il ne pouvait pas l'être et il ne l'a pas été. Il possède toujours son système, tel qu'il l'a décrit lui-même ; mais les tribunaux qui, seuls, ont qualité pour délimiter la propriété industrielle ont déclaré que son brevet ne pouvait lui donner aucun droit sur les inventions de M. Baudot, tout-à-fait différentes de la sienne.

Reste la seconde invention de M. Mimault telle qu'elle a été décrite par lui dans son brevet du 4 juillet, postérieur de 17 jours à celui de M. Baudot. Mais le plus simple examen de ces 2 brevets montre qu'ils se rapportent à des appareils absolument différents, et que rien, dans les idées mises en œuvre par M. Baudot, n'a pu être inspiré par M. Mimault.

En prenant des brevets presque en même temps que M. Baudot, et même cinq mois après lui, *M. Mimault a pris soin lui-même de décrire,* dans des documents authentiques, *toutes les idées et les moyens de les exécuter, qui, à cette époque, constituaient son bagage d'invention.*

Il est certain, en effet, que le brevet du 4 juillet doit résumer *tous les projets* et *toutes les idées* de l'inventeur *à cette date du 4 juillet* et que son examen peut à coup sûr fournir un indice sérieux *sur la question de savoir si les idées nouvelles de M. Mimault* (postérieures au 17 janvier), ont été communiquées directement ou indirectement à M. Baudot, et si ce dernier se les est appropriées; car il est indubitable que dans l'affirmative on devra trouver des idées communes exposées et mises en œuvre dans le brevet Baudot du 17 juin et dans celui de Mimault du 5 juillet.

Or il n'en est rien.

Brevet Baudot : En *utilisant le synchronisme* de 2 distributeurs correspondants — synchronisme qui est obtenu et maintenu par des dispositions spéciales, — le fil de ligne est mis en communication, *successivement*, avec 6 électro-aimants servant à la réception d'une même lettre. Une *roue tournant par bonds successifs* amène le caractère à imprimer au-dessus d'une bande de papier; *l'impression en caractères typographiques se fait*, et *tout revient en arrière* à la suite d'un embrayage momentané entre plusieurs mécanismes. L'inventeur signale l'avantage procuré par l'*emploi d'électro-aimants successivement actionnés* et dit que la *division du travail en deux opérations distinctes et successives* lui permet d'utiliser la ligne à une seconde transmission pendant que s'opère l'impression du signal précédemment reçu, *ce qui lui permet par conséquent d'en faire un appareil multiple, à transmissions indépendantes.*

Brevet Mimault (4 juillet) : Le fil de ligne est mis en relation avec un seul électro-aimant pour la réception d'un signal; cet électro-aimant produit, *comme dans l'appareil Meyer* en usage dans l'Administration des Télégraphes, des *traces et combinaisons de traces*, groupées sur une large bande de papier ; *ces traces servent à désigner les lettres et doivent être traduites en écriture ordinaire* par l'employé préposé à la réception des dépêches.

L'inventeur n'est pas fixé sur le mode de *groupement des traces* qui doit être employé et il en décrit jusqu'à 8 différents. Il est surtout préoccupé de *la difficulté de maintenir le synchronisme* entre les distributeurs correspondants et *préfère s'en passer :* pour cela il décrit longuement le procédé qu'il emploie et qui consiste à tracer ses signaux deux fois sur deux bandes différentes. Mais alors il ne peut effectuer plusieurs transmissions sur le même fil qu'*à la condition de les effectuer dans le même sens.*

En somme, il n'y a aucune analogie possible entre les systèmes décrits dans ces brevets.

La vérité est que les voies dans lesquelles s'exerçaient les recherches des deux inventeurs étaient absolument dissemblables. Point de départ, but à attendre, procédés employés : tout était différent dans les deux systèmes. Aussi est-il impossible de découvrir dans aucun des brevets Mimault la moindre allusion aux idées nouvelles mises en œuvre par M. Baudot :

Division du travail appliquée aux organes de l'appareil, comme Meyer l'avait appliquée au personnel desservant le fil. — *Emmagasinement des signaux dans des organes d'attente.* — *Indépendance et succession des opérations concourant à la réception et à la traduction des signaux ainsi qu'à l'impression typographique des lettres.* — Principes qui n'avaient jamais été appliqués dans un appareil télégraphique avant M. Baudot, et qui, **seuls,** lui ont permis de réaliser le problème de la transmission multiple par un seul fil, en obtenant des lettres imprimées en caractères typographiques.

Il est ainsi bien établi que, à la date du 26 novembre 1874, après avoir pris deux brevets et un certificat d'addition, M. Mimault n'avait encore décrit ni même mentionné aucune disposition mécanique ou électrique quelconque qui fût propre à réaliser un appareil à un seul fil imprimant les dépêches en caractères typographiques.

Cette constatation irréfutable permet d'affirmer avec la plus complète certitude que s'il s'occupait de chercher un appareil de ce genre, il ne l'avait pas trouvé encore à la date du 26 novembre 1874. **Il est donc matériellement impossible qu'il ait pu en donner l'idée à M. Baudot,** avant le mois de juin de cette même année.

Dans sa lettre à M. du Moncel (Voir page 73), M. Mimault a pris également soin de préciser le degré d'avancement de ses travaux dans la voie des appareils « imprimeurs » à la date du 13 janvier 1877.

Il s'est écoulé trois années depuis la prise de son brevet et il ne peut encore préciser les détails d'exécution :

« Je n'insiste pas trop sur les détails d'exécution des appa-
« reils car l'idée est encore bien nouvelle, etc., etc. »

Il est vrai que *dans ce projet de 1876-1877, qui est la première forme donnée par M. Mimault à une solution du problème,* il n'hésite pas à s'approprier, non seulement l'idée principale du système de M. Baudot, mais encore le moyen mécanique à l'aide duquel celui-ci l'avait réalisée dès 1875.

La lettre de M. du Moncel est très catégorique sur ce point :

« Vous me direz que, dans votre dernier système, vous avez mis aussi un système de *fermeur* plus simple ; mais M. Baudot aurait le droit de vous empêcher de vous en servir, puisque *c'est dans ce fermeur que gît toute la nouveauté et l'importance de son invention.* C'est, en effet, ce fermeur qui lui a permis de faire de son combinateur *un appareil d'attente* sur lequel les signaux se trouvent en quelque sorte déposés jusqu'à ce que le temps de leur impression soit arrivé.

Ces diverses constatations dispensent de relever l'absurdité des racontars d'après lesquels M. Raynaud aurait communiqué à M. Baudot pour lui permettre d'en tirer profit des documents confidentiels à lui confiés par M. Mimault en 1874 !

On sait du reste que les documents en question n'étaient nullement confidentiels, et il faut de plus savoir que M. Baudot vit pour la première fois M. Raynaud dans le courant du mois d'août 1874, c'est-à-dire 7 mois après le dépôt du brevet Mimault du 17 janvier.

A cette époque les deux inventeurs étaient aussi obscurs l'un que l'autre et l'Administration n'avait aucune raison de favoriser l'un aux dépens de l'autre.

Quant aux travaux en commun entre Baudot et Mimault et d'où serait sorti l'appareil Baudot, on sait maintenant ce qu'il faut en croire. Mimault n'a jamais habité Bordeaux, Baudot n'a jamais habité le Mans ; jamais ces deux employés ne se sont rencontrés à Poitiers et nous avons dit plus haut quelles avaient été leurs relations à Paris, où, quoi qu'on en ait dit, ils n'ont jamais fait partie du même bureau.

Quant à l'attitude de l'Administration vis-à-vis de ses deux employés elle a été très correcte.

Lorsque des inventions qui intéressent l'Administration lui sont proposées par ses agents, sa manière de procéder est toujours la même. Elle réclame un projet avec plans à l'appui s'il y a lieu ; une commission examine ledit projet et lui fait un rapport favorable ou défavorable.

Dans le second cas, la chose est terminée et classée. Dans le premier, elle met l'inventeur en situation de faire exécuter son œuvre.

C'est ainsi qu'on a procédé avec M. Baudot et c'est ainsi qu'on a procédé avec M. Mimault et avec bien d'autres.

Seulement M. Mimault n'a pas utilisé le bon vouloir de l'Administration.

En janvier 1874 les projets de cet inventeur ne pouvaient être pris en considération ; *un appareil à 5 fils pour écouler le travail d'un employé* ne constituait pas une proposition sérieuse. La seconde proposition Mimault, relative à *son multiple à traces désigné improprement par lui sous le nom d'appareil imprimeur*, fut examiné par la Commission, qui ne jugea pas cet appareil propre à remplacer les systèmes en usage.

En 1877, la Commission attendit en vain les plans promis par lui.

En 1886, on mit un dessinateur à sa disposition, mais il ne lui fit faire que des figures schématiques.

Le 2 janvier 1888, une lettre de l'Administration lui demandait de présenter des plans de construction afin qu'il pût être autorisé à faire réaliser ses idées dans les ateliers de l'Administration.

En réponse à cette lettre, il assassina M. Raynaud qui n'y était pour rien du reste.

Il est temps maintenant de faire connaître les faveurs que l'Administration aurait prodiguées à M. Baudot et qui faisaient envie à M. Mimault.

On croit généralement que l'Administration ayant donné trois ou quatre cent mille francs aux inventeurs américains qui lui ont apporté des appareils, a donné l'équivalent à M. Baudot.

C'est une erreur.

Qu'on se reporte à la lettre de M. Héquet (Voir page 55).
« Si l'Administration reconnaissait que l'idée de cet employé peut
« devenir réalisable, je pense qu'*il serait juste de lui attribuer*
« *une indemnité* à titre d'encouragement, car *ses ressources s'épui-*
« *sent* et d'autre part, *ce travail qui atteste un effort peu ordi-*
« *naire de persévérance a été entièrement accompli en dehors*
« *de ses heures de service.* »

Cette lettre est du 28 juillet 1874.

Or, en 1880, M. Baudot n'avait pas encore reçu l'indemnité réclamée **six ans auparavant** par son chef immédiat, et il en était réduit à mettre au Mont-de-piété la grande médaille d'or que lui avait décerné le jury de l'Exposition internationale de 1878.

A la suite de cette Exposition il fut promu dans la Légion d'honneur — comme tous ceux qui avaient obtenu la grande médaille — ; plus tard, en 1881, il obtint un diplôme d'honneur à l'Exposition d'électricité, où la plupart des jurés connaissaient les revendications de M. Mimault. Enfin, en 1882, il fut nommé ingénieur après avoir subi les examens règlementaires.

Voilà pour les récompenses honorifiques.

Quant aux récompenses pécuniaires, elles consistent dans quelques gratifications et indemnités pour services extraordinaires. De ce chef, M. Baudot n'a certainement pas reçu plus de 6,000 francs depuis 18 ans qu'il appartient à l'Administration.

On ne peut pas dire qu'il ait été gâté.

Quant à M. Mimault qui, quoi qu'on en ait dit *n'a jamais fait exécuter la moindre partie de ses conceptions*, et qui, *pendant presque toute la durée du procès intenté par lui a obtenu l'assistance judiciaire*, il a reçu, en moins de deux ans, à titre d'indemnité (?) ou d'encouragement (?), des sommes s'élevant à une vingtaine de mille francs ; et cela *uniquement parce que des personnages influents*, dont le nom est dans toutes les bouches, *s'intéressaient à lui et que leur volonté était toute puissante* dans les bureaux de la rue de Grenelle.

Ce parallèle entre les deux inventeurs, dont les titres à des indemnités sont assurément différents, se passe de commentaires.

On a dit que jamais M. Mimault n'a pu faire construire ses appareils faute d'argent ; mais on oublie que lui-même déclare avoir dépensé plus de 100,000 francs depuis 1874. Qu'on compare cette somme avec le modeste crédit de 2,000 francs que M. Baudot n'a pas entièrement dépensé, pour réaliser un appareil d'essai, qui a fonctionné sur une ligne !

En résumé :

Les trois brevets Mimault de 1874 ne contiennent aucune idée nouvelle susceptible de faire faire un pas en avant dans la voie du progrès à l'art télégraphique. Ils ne contiennent rien qui démontre que le but poursuivi par lui était la création d'un appareil à transmission rapide. Ils ne contiennent rien qui indique que, jusqu'à la fin de cette année 1874, il ait étudié un mécanisme quelconque réalisant la transmission multiple sur un fil avec l'impression des dépêches en caractères typographiques. Sa lettre à M. du Moncel montre même que ses travaux dans cette voie étaient bien peu avancés encore en janvier 1877.

M. Mimault n'a jamais réalisé la moindre partie de ses projets. Il a employé toute son énergie et toute son activité dans le but unique de chercher à s'approprier les travaux de M. Baudot. Il a été encouragé dans cette voie par ses amis et par beaucoup de personnes, peu au courant de la question et inexactement renseignées sur la façon dont les choses s'étaient passées, qui voyaient en lui un inventeur incompris et spolié.

Qui pourra dire la part qui revient à ces encouragements dans l'assassinat de M. Raynaud, ce savant modeste et intègre, si incapable d'avoir joué dans cette affaire le rôle que M. Mimault lui attribuait et dont la mort prématurée a fait subir à la science française une perte irréparable ?

Quant à M. Baudot, il n'a pas cessé de perfectionner son invention primitive à laquelle il a fait subir de nombreuses et profondes transformations, obtenant à chaque œuvre nouvelle (1875, 1876, 1879, 1882) des résultats pratiques meilleurs, utilisant plus complétement les principes nouveaux qu'il a le premier appliqués à la télégraphie *(division du travail appliquée aux organes des appareils ; emmagasinement des signaux par des organes d'attente ; indépendance et succession des opérations de réception, de traduction et d'impression)*, qui lui ont permis de créer un appareil dont l'arrêt de la Cour d'Amiens a pu dire que c'était un appareil **« dont la science et l'Administration des lignes « télégraphiques avaient depuis longtemps et inutile- « ment posé le problème, et qui est une découverte à la « fois éminemment utile et glorieuse pour le pays. »**

Maintenant les lecteurs peuvent, en connaissance de cause, apprécier le rôle de chacun et le juger selon ses œuvres.

III

Notes et Documents

Note 1. — Sur les conséquences d'une erreur d'appréciation dans un rapport d'expertise.

Note 2. — Sur les principes communs servant de base aux alphabets de signes télégraphiques et aux systèmes de numération.

1. — Brevet Mimault du 17 janvier 1874.

2. — Brevet Mimault du 4 juillet 1874.

3. — Mémoire adressé par M. Baudot à l'Administration des Télégraphes. (Juillet 1874.)

4. — Lettre de M. Héquet, jointe au mémoire de M. Baudot. (Juillet 1874.)

5. — Premier rapport de la Commission de perfectionnement. (Avril 1875.

6. — Deuxième rapport de la Commission de perfectionnement. (Décembre 1875.)

7. — Consultation pour le Ministre des Postes et des Télégraphes (1879).

8. — Arrêt de la Cour d'Amiens. (Mai 1884.)

9. — Correspondance entre M. Mimault et M. du Moncel. (Janvier 1877.)

10. — Acte d'acquiescement à l'arrêt d'Amiens par M. Mimault. (Septembre 1884.)

11. — Arrêt de la Cour de cassation. (Mai 1885.)

Note 1.

Sur les conséquences d'une erreur d'appréciation dans un rapport d'expertise.

Pendant la durée du procès, il est arrivé souvent que des personnes croyant aux droits de M. Mimault, sur la foi de vagues racontars qui faisaient de lui un inventeur persécuté et volé, luttant contre ses spoliateurs, eurent l'occasion d'étudier les documents techniques servant de base à ses revendications. Celles-ci étaient si peu justifiées qu'il en résultait toujours pour ces personnes une véritable stupéfaction. « N'est-ce donc que cela ? — « disaient-elles, — il n'est pas possible qu'il n'y ait pas autre chose ; autre- « ment, comment le tribunal de la Seine aurait-il pu rendre un jugement « qui, s'il ne donnait pas satisfaction complète à M. Mimault — puisque « celui-ci a interjeté appel — lui donnait cependant raison sur les points « essentiels ? »

La cause de l'erreur commise par le jugement de première instance réside dans le Rapport d'Expertise du 25 janvier 1879, qui contenait de graves erreurs d'appréciation ou plutôt de fait, au sujet des *progrès déjà réalisés en télégraphie.*

Nous ne voulons en signaler qu'une ici ; il est vrai qu'elle est capitale et qu'elle a eu les plus graves conséquences, en ce sens qu'elle a faussé tous les raisonnements de l'Expertise, et qu'elle a eu pour résultat de mettre des idées fausses dans l'esprit des juges.

On sait que, dans son brevet du 17 janvier 1874, M. Mimault décrit un appareil employant 5 fils de ligne ; mais *il se réserve d'appliquer ses prin- cipes à un appareil multiple à un fil,* **sans dire un mot,** *toutefois, des moyens qu'il compte employer pour faire cette application.*

Les extraits suivants du Rapport des Experts vont nous montrer com- ment ceux-ci apprécient cette réserve :

« Théoriquement, on peut concevoir que pour transmettre n signes distincts on ait n « fils de ligne, chacun d'eux étant chargé de transmettre le signe auquel il est destiné. « Mais par cette disposition on augmentera considérablement les dépenses d'établisse- « ment et d'entretien, les chances de dérangement, etc., parce que tout cela est propor- « tionnel au nombre des fils de ligne.

« L'invention des appareils à synchronisme, invention assez récente mais antérieure « aux brevets que nous avons à examiner, permet de remplacer ces n fils de ligne par « un seul.

« Voici le principe du synchronisme :

« Considérons un seul fil de ligne. Imaginons deux roues identiques, l'une à la sta- « tion du départ, l'autre à celle d'arrivée. Par un mécanisme approprié on peut faire « que ces deux roues tournent exactement avec la même vitesse, et que les signes simi- « laires se trouvent toujours en correspondance aux deux extrémités du fil de ligne.

« Cela étant, au départ, l'expéditeur peut faire que le courant ne circule que lors- « que le signe a, par exemple, se trouve devant l'extrémité du fil conducteur, ce serait « alors un mécanisme correspondant à la lettre a qui, influencé par ce courant, parlera « à la station d'arrivée.

« Ceci peut se dire pour tout système dans lequel on suppose l'emploi d'un nombre « quelconque de fils de ligne.

« Pour la description d'un système ou d'un autre, il peut être plus simple de sup-
« poser d'abord théoriquement un nombre quelconque de fils de ligne, et on pourra
« ensuite, par ce même procédé général et connu du synchronisme, le transformer à
« coup sûr dans la pratique en un appareil à fil unique.

« Cette remarque a son intérêt à propos du brevet Mimault du 17 janvier 1874 où
« l'auteur, après avoir décrit un appareil auquel il suppose 5 fils de ligne, a pu ajouter
« avec droit qu'il se réservait d'appliquer les principes qui constituent la base essen-
« tielle de son invention à un système à un seul fil, attendu que cela pouvait se faire
« par des procédés parfaitement et complètement connus à l'époque où il l'écrivait.

« Antérieurement à l'époque où l'on découvrit dans le synchronisme des appareils
« de départ et d'arrivée, le moyen de remplacer plusieurs fils de ligne par un seul,
« on chercha à réduire le nombre de ceux-ci au minimum par un certain nombre de
« dispositions. (Système Davy, Witehouse, Highton, etc.) »

. . . .

Il est à remarquer que ce *procédé du synchronisme* était connu dès
l'antiquité et a servi pour les télégraphes à signaux. Mais, sans aller si
loin, on peut dire qu'il a servi dès l'origine de la télégraphie électrique.
L'Américain Vail, le collaborateur de Morse, entre autres, avait fait un
appareil imprimeur à synchronisme, dès 1834.

Si la découverte de ce procédé avait dû suffire pour *transformer à
coup sûr dans la pratique un appareil à plusieurs fils en un appareil à
fil unique*, comment s'expliquer que — vingt ans plus tard — on ait dû
encore recourir à plusieurs fils ? Et comment s'expliquer que — quarante
ans après — l'employé du télégraphe Mimault, qui connaissait, par suite
de ses fonctions, plusieurs appareils à synchronisme, ait cru devoir employer
5 fils pour actionner simultanément 5 organes distincts, et qu'il n'ait même
pas indiqué ce *moyen si connu*, pour remplacer ces 5 fils par un seul
« dans la plus grande partie du parcours » — comme le disent les experts ?

Que dire encore de ce fait, que l'employé du télégraphe Mimault,
prenant un brevet le 4 juillet 1874 pour *un appareil à traces à un seul fil —
qui constitue bien l'application faisant l'objet de la réserve ci-dessus de
son premier brevet —* n'ose compter sur le synchronisme pour assurer le fonctionnement de son système, et décrit soigneusement le moyen de s'en passer !
Et cependant, dans ce système, il ne s'agit pas d'actionner 5 organes
distincts, ce qui serait autrement difficile à obtenir !

Que dire de cela, sinon que le problème — même pour un homme du
métier — n'était pas si facile à résoudre que le croyaient les experts !

Les experts reviennent plus loin sur le même sujet :

« Quoique la description de Mimault se rapporte à un appareil comportant 5 fils de
ligne, il n'en prévoit pas moins l'application de son système à un seul fil, ce qui peut
se faire, par exemple, *en lui adjoignant un appareil à synchronisme* ou, d'une
manière plus générale, *en obtenant par un procédé quelconque que les 5 fils de
ligne supposés, se confondent en un seul dans la plus grande partie du parcours....* »

Ainsi, d'après les experts, on pouvait *réaliser à coup sûr dans la
pratique* au moyen de *procédés parfaitement connus en 1874*, la trans-
formation d'un appareil à 5 fils en appareil à un fil, et celui-ci devait
donner les mêmes résultats que celui-là !

Par conséquent, d'après les experts, avec un fil unique on pouvait, *facilement et sûrement*, actionner **simultanément** 5 organes distincts, comme il était facile de le faire avec 5 fils ? (1)

Ces messieurs prennent, du reste, le soin de préciser le moyen à employer pour atteindre ce résultat : « *il suffit*, disent-ils, *d'adjoindre à l'appareil en question un appareil à synchronisme.* »

Malheureusement, ce moyen ne permettant d'actionner les 5 organes distincts que **successivement** et non plus **simultanément** comme le permettaient les 5 fils, il eut été impossible d'utiliser les 5 effets successifs obtenus. pour manœuvrer le rameau-conducteur dont le fonctionnement (comme celui du système d'Highton), **exige la simultanéité** de la manœuvre des 5 commutateurs.

Mais alors, il aurait donc fallu modifier quelque chose au mécanisme, pour obtenir que des *effets successifs* produisissent les mêmes résultats que des *effets simultanés !*

Or, messieurs les experts ont écrit plus loin : « *le domaine public ne nous paraît devoir se composer que de ce qui a exécuté ou explicitement décrit.* »

Il est alors bien regrettable que, avant de puiser, *pour le compte de M. Mimault*, dans *ce qu'ils ont pensé être le domaine public*, MM. les experts n'aient pas pensé à rechercher si le problème en question avait été ou non résolu. et si *la solution en avait été explicitement décrite !*

En réalité, M. Baudot est le premier qui l'ait résolu, et cela, au moyen de l'emploi d'*organes d'attente* emmagasinant les signaux au fur et à mesure de leur arrivée.

Quoi qu'il en soit. les experts *considèrent la chose comme faite* et vont jusqu'à *l'attribuer gratuitement à M. Mimault.*

Ainsi, résumant le brevet de celui-ci, ils disent :

« Mimault demande à l'électricité qui parcourt la ligne de lui fournir de 1 à « 5 actions simultanées *ou successives*, mais réparties en *5 organes distincts.* »

Mais pardon ! Nulle part. dans son brevet du 17 janvier, M. Mimault n'a fait allusion à 5 actions *successives*. Il s'agissait exclusivement d'actions *simultanées*, et non d'*actions successives*, qu'*il n'aurait pu utiliser* avec son rameau-conducteur.

Cette idée a tellement dominé les raisonnements des experts, que, pour eux, et plus tard pour le jugement du Tribunal civil de la Seine, il importe peu que les effets soient d'une sorte ou d'une autre; qu'ils soient simultanés ou successifs; que les courants qui les produisent soient d'un sens ou d'un autre et qu'ils parviennent au poste d'arrivée par 1 fil unique, ou par 3, ou même par 5 fils. Les Experts — et après eux le Rédacteur du jugement — ne font aucune différence entre les diverses

---

(1) Cela, peut-être, serait possible actuellement, après l'invention d'Elisha Gray, au moyen de courants vibratoires et de diapasons accordés; mais il y a quelque raison de croire que MM. les experts eux-mêmes ignoraient ce mode de transmission au mois de janvier 1874 !

sortes d'effets, de courants et de fils. Il y a mieux encore : pour eux, ces trois mots : *effets, courants, fils* sont des synonymes et sont indifféremment employés l'un pour l'autre. Ce sont des éléments de combinaison, voilà tout !

Il en est résulté que ce qui a servi de base à M. Baudot pour résoudre le problème posé, c'est-à-dire *le principe fondamental de son système*, n'a pas été compris par les experts, et qu'il a pu être considéré et désigné par le jugement comme un *« point secondaire »*, comme *« un détail d'exécution. »* !

Autre conséquence de la même erreur :

Highton imagine un procédé traduisant en une lettre imprimée chacune des combinaisons complexes de signaux reçus *simultanément* ; Mimault emploie le *même procédé* pour obtenir le *même résultat* ; mais il ne s'agit pas du même nombre de signaux combinés, ce qui change le nombre des organes de la machine sans toutefois changer le mode de fonctionnement de celle-ci.

Suivant les experts, cette différence entre les deux systèmes est capitale ! et permet d'accorder à M. Mimault la propriété du résultat caractérisé par *l'appareil traduisant en un effet simple chacune des 31 combinaisons de 5 effets.*

Pour rester dans l'équité, ils eussent dû au moins limiter ses droits à un appareil ayant à accomplir le même travail, dans les mêmes conditions, c'est-à-dire *traduisant en un effet simple chacune des 31 combinaisons de 5 effets « simultanés »*. Mais, nous l'avons vu plus haut, les experts n'ont attaché aucune importance à cette différence capitale entre *effets simultanés* et *effets successifs*, et quoique M. Mimault n'ait pas parlé de ceux-ci dans son brevet, ils lui sont généreusement octroyés, ainsi que la propriété du *procédé de traduction* (à inventer) *qui leur est applicable*.

Plus loin, dans la comparaison qu'ils font entre le rameau-conducteur de Mimault et le combinateur de Baudot, les experts disent que celui-ci est d'une *essence supérieure*. Pourquoi !

La vérité est que, pour des hommes du métier, les procédés Highton et Mimault servant à la traduction en une lettre imprimée, de chacune des combinaisons multiples formées par quelques mouvements distincts, en nombre quelconque, obtenus *simultanément*, sont identiques : seulement, comme l'appareil d'Highton peut traduire *un plus grand nombre* de combinaisons pouvant être obtenues avec **un moins grand nombre** de fils de ligne, on peut dire que son système est d'une *essence supérieure* à celui de Mimault.

Quant au système qui permet de traduire en une lettre imprimée les combinaisons de mouvements distincts obtenus **successivement** dans des organes distincts en nombre quelconque, il constitue un *procédé absolument différent* ; et comme il permet d'obtenir un résultat qui n'avait jamais été obtenu avant M. Baudot, il appartient bien à cet inventeur.

Les raisonnements des Experts, partant d'un point de départ erroné ont produit le résultat qu'ils devaient produire : ils ont induit en erreur les premiers juges, qui ont cru devoir attribuer à certaines parties des inventions qu'ils avaient à examiner, une importance qu'elles étaient loin de mériter.

et considérer comme des détails secondaires les points qui, pour un télégraphiste, avaient précisément une importance capitale. Heureusement pour le « bon droit », les juges d'appel, mieux renseignés, ont pu apprécier plus exactement les choses, et réparer l'erreur commise par le jugement de première instance.

NOTE 2.

Note relative aux principes communs servant de base aux alphabets de signes télégraphiques et aux systèmes de numération.

Tous les systèmes de numération peuvent servir à constituer des alphabets télégraphiques. Dans les uns comme dans les autres, en effet, le problème à résoudre est le même : il faut pouvoir représenter un grand nombre d'objets avec un petit nombre de signes pris isolément ou en combinaison. Plus les signes distincts que l'on peut obtenir sont nombreux, et moins sera grand le nombre de ces signes nécessaire pour représenter chaque objet. Ainsi, dans l'arithmétique binaire où il n'y a que deux sortes de signes (1 et 0) il faut employer 8 signes pour représenter le nombre 207 qui n'en exige que 3 avec la numération décimale (Voir page 17). De même, en télégraphie, Whitehouse n'obtenant qu'un signe distinct par fil, doit pour représenter les lettres de l'alphabet employer jusqu'à cinq fils en combinaison, tandis que Davy, en obtenant 2 signes distincts par fil peut représenter les lettres de l'alphabet avec un maximum de 3 signes en combinaison.

Dans les deux cas, le progrès est dans le sens de l'augmentation du nombre des signes distincts, afin de ne pas avoir à les répéter autant pour représenter les objets.

Chaque signe ou combinaison de signes forme une figure ou dessin complexe qui, en télégraphie, permet de représenter une lettre ou une phrase, et en arithmétique une valeur déterminée. Le nombre des figures distinctes ou groupes de signes nécessaires pour la représentation des lettres en télégraphie étant assez restreint, il en résulte que, pratiquement, on peut reconnaître et traduire à première vue le groupe de signes correspondant à telle ou telle lettre. Mais, en arithmétique, où le nombre des valeurs à exprimer est presque infini, on comprend qu'il soit difficile et même impossible de se souvenir que tel ou tel groupement de signes correspond à telle ou telle valeur. Aussi a-t-il été indispensable d'employer une méthode rationnelle permettant d'effectuer à première vue la traduction d'un groupe quelconque donné, en la valeur qu'il est censé représenter. Cette méthode est précisément ce qu'on nomme la *numération*.

Les systèmes de numération ne diffèrent que par le nombre des signes qu'ils emploient. La numération binaire en a 2 ; la numération ternaire en aurait 3 ; la numération décimale en a 10, etc.

Dans tous ces systèmes, chaque signe ou *chiffre* possède d'abord une valeur propre qu'il faut connaître ; mais cette valeur est multipliée par un *coefficient qui dépend du rang* occupé par le *chiffre* dans un groupe. Ainsi le premier rang à droite donne au chiffre qui l'occupe le coefficient n^0 ; le deuxième n^1 ; le troisième n^2 ; le quatrième n^3, etc... n étant le nombre des signes distincts ou chiffres utilisés dans le système de numération considéré. Ainsi, dans la numération décimale où le nombre des signes distincts est de 10, le premier chiffre à droite multiplie sa valeur propre par 10^0, c'est-à-dire par 1 : le 2e par 10^1, c'est-à-dire par 10 ; le 3e par 10^2, c'est-à-dire par 100 ; le 4e par 10^3, c'est-à-dire par 1,000, etc.

La combinaison des signes 2-4-5 sert alors à désigner une valeur de $(5 \times 1) + (4 \times 10) + (2 \times 100) = 245$.

Dans la numération binaire où le nombre des signes distincts est de deux (1 et 0).

le premier chiffre à droite multiplie sa valeur par $2^0 = 1$; le 2ᵉ par $2^1 = 2$; la 3ᵉ par $2^2 = 4$, etc.; et la valeur 245 sera représentée sous la forme de la combinaison des signes 1 1 1 1 0 1 0 1 = 245, c'est-à-dire $(1 \times 1) + (0 \times 2) + (1 \times 4) + (0 \times 8) + (1 \times 16) + (1 \times 32) + (1 \times 64) + (1 \times 128) = 245$.

Et de même qu'on peut totaliser mentalement et même mécaniquement ces diverses valeurs, on peut représenter la combinaison des signes télégraphiques par sa valeur numérique totale ou par l'expression mécanique de cette somme.

C'est là la base du système de traduction qui, d'après Leibniz, est applicable au symbole chinois de Fo-hi, créé il y a cinq mille ans, et dans lequel *chaque trait, suivant sa position*, avait une des valeurs 1, 2, 4, 8, 16, etc. C'est aussi la base du système mnémonique de traduction des traces dans les systèmes de Highton (1845) et de Mimault (1874), et de traduction automatique des signaux par le moyen de roues tournant de quantités inégales, *sommant* ainsi les différentes valeurs des signes, et donnant comme résultat un déplacement total de cette roue équivalant à la somme des valeurs de ces signes (Highton 1848, Wheatstone 1859, Baudot 1874).

Nombre 207 écrit dans la numération binaire : 11011001.

Chiffres de la numération binaire	1	1	0	1	1	0	0	1	
Signes télégraphiques de Highton	•	•	•	•	•	°	°	•	= 207
Valeurs des chiffres et signes ci-dessus dans la numération décimale.	128	64	0	16	8	0	0	1	

Les documents réunis ci-après ont pour but :

1° De montrer ce qu'étaient les inventions de Mimault et de Baudot lorsque ces employés les adressèrent à leur administration, et de permettre d'apprécier en connaissance de cause les décisions de M. Raynaud dans cette affaire : comme fonctionnaire chargé de l'examen des inventions d'abord, comme membre de la Commission de perfectionnement ensuite.

2° De donner le texte exact des arrêts qui ont fait justice des prétentions de M. Mimault dans le procès intenté par celui-ci à M. Baudot.

Brevet Mimault du 17 janvier 1874.

N° 101,939.

Ce télégraphe imprimeur est basé sur l'emploi de signes élémentaires correspondant aux cinq premiers nombres de la progression géométrique.

D'après ce principe, les positions respectives de ces signes sur plusieurs lignes parallèles permettent de constituer un nombre de signaux différents égal à la somme des nombres qui forment cette progression.

Les cinq premiers nombres de la progression géométrique étant 1, 2, 4, 8, 16 et leur somme totale 31, nous pouvons, au moyen de cinq fils de ligne, obtenir 31 signaux différents, en les prenant isolément ou en combinant entre eux les cinq signes élémentaires provenant des cinq fils de ligne; car, en attribuant à chaque fil et au signe élémentaire qu'il représente la valeur numérique de l'un des nombres de cette progression, on pourra représenter tous les nombres de 1 à 31 par un signe élémentaire isolé ou par la combinaison de plusieurs de ces signes.

Afin de réaliser ce principe, nous allons décrire un genre d'appareils à cinq fils qui se compose essentiellement :

1° D'un manipulateur à clavier ;

2° D'un rameau-conducteur ;

3° D'un appareil répartiteur ou colonne ;

4° D'un peigne pour impression électro-chimique et d'un mécanisme destiné à faire avancer la dépêche.

1° Le clavier porte 28 touches dont 14 noires et 14 blanches.

Chaque touche est munie à son extrémité postérieure d'un ou de plusieurs ressorts, que le mouvement de cette touche met en contact avec une ou plusieurs tringles transversales disposées à cet effet.

Les fils de ligne étant au nombre de cinq, le manipulateur porte cinq tringles transversales aboutissant aux cinq fils de ligne qui communiquent à leur arrivée au poste de réception à cinq électro-aimants.

2° Le rameau-conducteur est muni de cinq électro-aimants reliés aux cinq fils de ligne, et de deux électro-aimants multiplicateurs de manière à amener le courant d'une première pile locale à l'une des soixante-deux bornes du rameau.

3° La colonne porte soixante-deux électro-aimants, reliés aux soixante-deux bornes du rameau, de manière à faire mouvoir l'une des soixante-deux armatures qui doivent distribuer le courant dans quarante-neuf lames latérales adaptées à la colonne.

4° Le peigne imprimeur est muni de quarante-neuf pointes, reliées une à une aux quarante-neuf lames de la colonne, il est en relation avec un mécanisme destiné à faire avancer la bande de papier qui doit recevoir la dépêche et la pousser contre le peigne imprimeur.

. . . .

MANIPULATEUR

Nous employons cinq fils de ligne a^1, a^2, a^3, a^4, a^5, recevant le courant d'une pile **P**, et nous affectons chacun de ces fils à la transmission de signaux élémentaires correspondant aux cinq premiers nombres 1, 2, 4, 8, 16, de la progression géométrique, c'est-à-dire que, suivant la place qu'ils occupent, on leur affecte une valeur de 1, 2, 4, 8, 16, de telle sorte qu'en les distribuant sur cinq lignes parallèles, par exemple, il suffit, à la lecture, de tenir compte de la valeur que leur donne leur position respective, pour qu'en les combinant 1 à 1, 2 à 2, 3 à 3, on obtienne trente et un signaux différents, auxquels on peut faire correspondre soit des lettres de l'alphabet, soit des chiffres, soit des signes divers.

Afin de mieux faire saisir ce principe, nous avons représenté sur le tableau A ci-après l'indication de la valeur numérique affectée aux signes élémentaires formés par chaque fil.

Il suffit de jeter un coup d'œil sur le tableau A pour voir que, avec cinq fils de ligne, en faisant passer le courant dans l'un de ces fils, ou en le faisant passer simultanément dans plusieurs, on peut produire au poste correspondant trente et un signes distincts.

Si, par exemple, les cinq fils de ligne étaient terminés par cinq pointes de fer isolées entre elles et alignées dans le sens de la largeur d'une bande de papier préparé déroulant sous ces pointes métalliques, nous savons que le courant traversant ce papier laisserait une trace bleue, dont la position sur la bande aurait la valeur attribuée au fil qui l'a produite.

Le tableau A nous donne d'abord, par la valeur conventionnelle qui est donnée à chaque signe élémentaire qui le compose, un alphabet particulier de signes télégraphiques.

Ce tableau nous donne ensuite, comme application mécanique de sa théorie, les indications nécessaires à la construction du clavier.

La partie principale du manipulateur est, en effet, un clavier de vingt-huit touches, dont quatorze noires et quatorze blanches.

. . . .

RÉCEPTEUR, pl. XVI, fig. 4, 5 et 6. — Le premier organe de réception que nous rencontrons est un *rameau-conducteur*, dont le jeu est déterminé par cinq électro-aimants, reliés chacun à un fil de ligne.

Le courant d'une pile locale p^4, arrive par un fil o à une lame métallique p^5, distribuant alternativement le courant à deux ressorts q^5, disposés l'un à droite, l'autre à gauche, suivant que le courant passe ou ne passe pas dans le cinquième électro-aimant r^5, qui correspond au cinquième fil de ligne i^5, au ressort s^5, tendant à rétablir constamment la communication de la lame p^3 avec le ressort q^5 de gauche.

La même disposition d'électro-aimant d'armature, de ressorts et de lame conductrice se trouvant répétée d'une façon identique pour chacun des cinq fils de ligne a^1, a^2, a^3, a^4, a^5, l'appareil fonctionne de la manière suivante :

Le cinquième électro-aimant r^5 peut, par le mouvement alternatif de son armature, faire arriver le courant de la pile locale à l'une ou à l'autre des deux lames métalliques p^4, qui se trouvent au-dessus du quatrième électro-aimant r^4.

Ces deux lames métalliques sont, comme la première, munies chacune d'un ressort q^4, à droite, et d'un autre à gauche.

Le quatrième électro-aimant r^4, par le mouvement alternatif de son armature, peut écarter les deux ressorts de droite ou ceux de gauche, et transmettre le courant de ses deux lames métalliques p^4, par ses quatres ressorts q^4, à quatre autres lames p^3.

Ces quatre lames se trouveront au-dessus du troisième électro-aimant r^3, dont l'armature, en écartant ou en établissant le contact des quatre ressorts q^3, de droite ou de gauche, transmettra le courant à l'une des huit lames suivantes p^2.

Ces huit lames se trouveront au-dessus du deuxième électro-aimant, dont l'armature fera communiquer le courant par l'un des huit ressorts q^2, de droite ou de gauche, à l'une des seize lames suivantes p^1.

Ces seize lames se trouveront au-dessus du premier électro-aimant r^1, dont l'armature fera communiquer le courant par l'un des seize ressorts q^1, de droite ou de gauche, à trente-deux autres lames p, qui se trouveront au-dessus des deux électro-aimants multiplicateurs r, que nous ne faisons maintenant qu'indiquer, pour revenir à nos cinq fils de ligne et à leurs électro-aimants r^1, r^2, r^3, r^4, r^5.

Nous venons de les prendre dans leur ordre inverse et de montrer que le cinquième électro-aimant pouvait faire communiquer le courant dans deux directions, le quatrième dans quatre, le troisième dans huit, le deuxième dans seize, et le premier dans les trente-deux lames p du multiplicateur.

. . . .

L'inventeur décrit ensuite longuement le fonctionnement du rameau-conducteur ainsi constitué et qui lui permet de conduire le courant de la pile locale à 31 bornes au choix par la manœuvre simultanée des commutateurs commandés par les 5 fils de ligne.

Puis faisant remarquer que les 31 signaux obtenus ainsi ne suffiraient pas à la représentation des lettres, chiffres et signes de la correspondance, il indique un moyen de doubler ce nombre.

Imitant un artifice bien connu et employé dans tous les appareils télégraphiques, il consent à représenter les chiffres et signes de ponctuation par les mêmes combinaisons de fils que les lettres de l'alphabet. Comme dans l'appareil imprimeur Hughes, les *espaces blancs* précédant les groupes de lettres et ceux qui précèdent les groupes de chiffres sont des *signaux différents*. Obtenus par deux combinaisons différentes des 5 fils de ligne, ils ont pour résultat d'amener le courant local à 2 bornes différentes parmi les 31 bornes du rameau-conducteur. A chacune de ces 2 bornes M. Mimault attache un électro-aimant dont la mission est de diriger les 31 voies du courant local vers 31 bornes correspondant aux *lettres* ou vers 31 autres bornes correspondant aux *chiffres et signes de ponctuation*.

Cette partie de son appareil est désigné dans le brevet sous le nom de *multiplicateur*, et sa description n'emploie pas moins de huit pages.

Aux 62 bornes dont il vient d'être parlé, correspondent 62 électro-aimants dont les armatures ont pour mission de diriger le courant d'une *nouvelle pile locale* dans un organe désigné dans le brevet sous le nom de *peigne imprimeur*.

C'est un bloc formé de 49 tiges en fer isolées les unes des autres et aussi rapprochées que possible pour que la section de ce bloc ne dépasse pas les dimensions d'une *lettre*.

Ayant ainsi décrit cette première partie de notre invention, nous arrivons enfin à faire découler de ce que nous avons dit des résultats patents, dont l'exposé nous paraît assez simple pour que la compréhension en soit facile.

En effet, si nous nous reportons à la construction du clavier et à celle du rameau-conducteur, nous voyons que nous pourrons faire passer le courant d'une pile locale P^1 dans l'électro-aimant de la colonne I, qui correspond à la lettre ou au signe inscrit sur l'une des touches de ce clavier.

En supposant ces électro-aimants munis de la plus simple armature et le signe qu'ils représentent inscrit sur la planchette qui les supporte, nous avons déjà un appareil récepteur.

Ou, plus simplement encore, si nous relions chaque borne du rameau à un galvanomètre fixé sur la touche correspondante au clavier d'arrivée, il suffira d'observer ces galvanomètres pour lire la transmission effectuée au départ.

Mais nous n'avons pas réuni les éléments d'un appareil aussi compliqué pour nous contenter de ce résultat : il nous faut une trace écrite, et cette trace ne doit pas être un signe spécial lisible seulement pour des initiés, elle sera un caractère vulgaire lisible pour le public.

A cet effet, nous avons adopté un type unique de quarante-neuf tiges, donnant quarante-neuf traces, dont la réunion depuis six jusqu'à vingt-trois nous donne des figures qui ressemblent suffisamment à des caractères typographiques.

Une feuille de papier préparée, comme cela se fait dans les télégraphes autographiques, vient au contact de ces 49 tiges, et si un courant local assez intense traverse ces tiges et le papier, celui-ci recevra une trace correspondant à chacun des points traversés.

Il suffit donc de choisir celles des tiges dont les positions relatives occupent les contours de la lettre à imprimer pour dessiner ses contours en pointillé.

Ce choix est précisément opéré par les armatures de chacun des 62 électro-aimants dont il a été parlé ci-dessus. Pour cela les 49 tiges du peigne imprimeur sont en communication électrique avec 49 ressorts-contacts groupés au-dessous de chacune des 63 armatures, et l'extrémité de celles-ci en s'abaissant peut mettre la pile locale en communication avec ceux des 49 ressorts contacts correspondant aux tiges choisies pour chaque lettre ou chiffre à imprimer.

Afin d'assurer l'égalité de la répartition du courant électrique dans ces tiges du peigne, l'inventeur utilise des rhéostats qu'il nomme *rhéostats dérivants* et par lesquels il fait écouler une partie du flux électrique lorsque le nombre des tiges servant pour certains signes à imprimer est trop faible.

Plus loin est décrit le mécanisme destiné à faire avancer le papier après chaque impression. Un électro-aimant est à cet effet embroché dans le circuit de la première pile locale et fonctionne à chaque fois que le rameau conducteur est actionné. Son armature commande un cliquet par l'intermédiaire d'une corde et d'une poulie, et ce cliquet commande à son tour la bande de papier.

La description de ces divers organes dans le Mémoire de M. Mimault emploie plus de 15 pages.

Alphabet, pl. XV. — Nous allons faire connaître le genre d'alphabet également basé sur la progression géométrique que nous pouvons employer dans le cas où, faisant usage de cinq fils de ligne, nous voudrions utiliser directement à l'impression des dépêches les traces qu'ils peuvent former.

Nous avons dit que le principe essentiel de notre système télégraphique reposait sur les trente et un signes distincts que peuvent nous donner cinq traces, dont chacune représente l'un des cinq premiers nombres de la progression géométrique.

Nous avons ensuite décrit le rameau-conducteur qui n'est autre chose qu'une application mécanique de ce principe, à l'effet d'obtenir un signe simple au lieu d'un signe composé.

. . . .

On conçoit qu'en employant seulement cinq touches pour transmettre un courant sur cinq fils de ligne, il suffirait pour obtenir les trente et un signaux élémentaires que nous venons d'indiquer, de combiner l'action simultanée des doigts sur ces touches de la façon indiquée au tableau A.

Mais, il serait impossible de trouver des employés assez exercés pour appuyer simultanément sur des combinaisons de une à cinq touches ; aussi avons-nous imaginé de rapporter ces combinaisons au moyen de ressorts sur les touches elles-mêmes ; nous avons ainsi trouvé le moyen de transmettre instantanément des effets multiples à l'aide d'un effet simple, tel que l'abaissement d'une touche.

En imaginant notre rameau-conducteur, nous avons traduit les effets multiples reçus à l'arrivée par un effet simple, instantané, le passage arbitraire du courant d'une pile locale dans l'une quelconque des trente et une bornes de ce rameau ; ces deux organes sont donc la contre-partie rationnelle l'un de l'autre.

. . . .

Nous nous réservons d'apporter à nos appareils tous les perfectionnements que nous jugerons nécessaire et notamment d'en appliquer les principes qui constituent la base essentielle de notre invention à un système à un seul fil, quelles que soient du reste les dispositions mécaniques que nous employions pour atteindre ce but, et même en obtenant les avantages d'une transmission multiple au moyen d'un seul fil.

En résumé, ce télégraphe imprimeur est spécialement caractérisé par les points essentiels suivants :

1° Un alphabet à signaux composés de cinq signes élémentaires, dont chacun représente l'un des cinq premiers nombres de la progression géométrique;

2° La disposition des ressorts sur les touches d'un clavier indiqué au tableau A, qui permet de produire un effet multiple par un effet simple ;

3° Le rameau-conducteur ou tout mécanisme dont les éléments représenteraient dans leurs fonctions des nombres successifs d'une progression géométrique, de façon à traduire un effet multiple reçu par un effet simple;

4° L'application de rhéostats dérivants destinés à assurer l'égalité dans la division du courant ;

5° Notre mécanisme particulier qui fait avancer le papier ;

6° L'alphabet composé dans un type unique de quarante-neuf pointes, ainsi qu'il est indiqué au tableau B.

Brevet Mimault du 4 juillet 1874.

N° 104,153.

Pl. XI, XII, XIII et XIV.

Les principes sur lesquels repose notre appareil consistent essentiellement dans l'emploi de traces élémentaires correspondant aux premiers nombres de la progression géométrique et dans certaines dispositions qui permettent de placer ces traces les unes à côté des autres, sans qu'il y ait synchronisme entre l'appareil transmetteur et l'appareil récepteur.

D'après le premier principe, les positions respectives de traces élémentaires sur une ou plusieurs lignes, dans le sens transversal et longitudinal d'une bande de papier, permettent de constituer un nombre de signes différents égal à la somme des nombres qui forment la progression géométrique dont chacun des termes correspond à chaque trace employée.

Les six premiers nombres de la progression géométrique étant, par exemple, 1, 2, 4, 8, 16, 32, et leur somme totale, 63, nous pouvons, au moyen de six traces élémentaires, en les prenant isolément ou en les combinant entre elles, obtenir soixante-trois signes différents; car, en attribuant à chacune des traces élémentaires, la valeur numérique de cette progression, on pourra représenter tous les nombres, de 1 à 63, par une trace isolée ou par la combinaison de plusieurs de ces traces.

Le tableau A, représenté juste au-dessus de l'alphabet n° 4, montre ces signes disposés d'abord sur une ligne, puis sur deux lignes transversales, de manière à obtenir un alphabet très lisible.

Nous donnerons plus loin l'explication détaillée de ces signes et alphabets.

Le second caractère distinctif de notre nouvel appareil, c'est-à-dire la possibilité d'obtenir plusieurs transmissions dans le même sens, sans synchronisme, repose sur la réception en double des dépêches, de façon que l'une d'elles au moins soit toujours intacte sur l'une ou l'autre des deux bandes de papier qui les reçoivent, quelle que soit du reste l'avance ou le retard du récepteur sur le transmetteur.

Ces théories nous permettent d'obtenir des transmissions simultanées en nombre indéterminé : nous décrirons comme exemple un appareil à double transmission et nous indiquerons les modifications susceptibles d'être apportées dans la manipulation et la réception, suivant le nombre et le genre de transmission simultanés à obtenir et suivant la catégorie d'employés appelés à faire fonctionner les appareils.

Notre appareil à double transmission se compose essentiellement :

1° De deux claviers de six touches chacun, pour transmettre sur la ligne des traces isolées ou des combinaisons de deux à six traces:

2° De deux doubles récepteurs, dont les bandes reçoivent les deux transmissions effectuées au départ ;

3° D'un mouvement d'horlogerie pour donner et régler le mouvement des divers organes des manipulateurs et des récepteurs.

L'application de la progression géométrique aux signes télégraphiques nous permettant d'obtenir les signes les plus brefs, il nous fallait des moyens sûrs et rapides pour pouvoir profiter de la brièveté de ces signes au moyen d'une transmission multiple par un seul fil.

Mais la grande difficulté que présentait cette application était le synchronisme entre les organes transmetteurs et récepteurs, qu'elle semblait exiger.

Nous avons d'abord pensé à réaliser le synchronisme des appareils correspondants au moyen des courants intermittents de la transmission elle-même, toute émission de courant affectée spécialement au maintien où à la rectification du synchronisme étant une perte de temps : mais nous avons reconnu qu'en plaçant les signes d'une transmission multiple sur la surface d'un cylindre, on pouvait se passer du synchronisme des appareils transmetteurs et récepteurs ; car en développant, selon le cas, le tube de papier du cylindre suivant une génératrice ou une ligne hélicoïdale, nous obtenions des signes dont la position et la longueur relatives ne pouvaient pas changer.

En partant de ce principe, nous avons pu suivre la filiation naturelle de ces idées dans les dispositions théoriques que nous avons données pour démontrer que la transmission multiple obtenue sur deux cylindres pouvait aussi bien l'être sur deux bandes de papier parcourues, soit par une seule spire, soit par deux hélices.

Mais la longueur des signes, qui ne nous présentait nul inconvénient sur un cylindre, exigerait une bande de papier trop large.

Nous avons dédoublé ces signes, de manière à avoir deux transmissions au lieu d'une sur la même bande.

Nous avons ensuite augmenté les séries transversales de signes élémentaires, afin d'obtenir une lecture plus facile.

Nous allons du reste exposer en détail ces divers points.

L'inventeur développe longuement les idées qui l'ont guidé dans la recherche des moyens lui permettant de se dispenser d'un synchronisme absolu entre les distributeurs de transmission et de réception.

Il obtient ce résultat dans un appareil effectuant deux transmissions sur le même fil, *à la condition expresse* toutefois que ces transmissions aient lieu *dans la même direction.*

L'organe récepteur qu'il emploie est le système traceur de Meyer, à hélice. La bande de papier soulevée par l'électro-aimant récepteur vient toucher la tranche encrée d'une hélice tournant régulièrement au-dessus d'elle : suivant le moment où le papier est soulevé par rapport à la révolution du cylindre porte-hélice, il reçoit une trace sur un point ou un autre point de sa largeur.

Chacun des deux récepteurs d'un *multiple à double transmission* étant alternativement relié à la ligne à chaque révolution d'un distributeur comme cela a lieu dans le Meyer, il en résulte que chacun d'eux n'utilise qu'une demi-révolution d'hélice. Mais rien n'empêche de donner à chacun une hélice entière et de recevoir tous les courants venant de la ligne dans les deux électro-aimants récepteurs à la fois. Dans ces conditions, les deux bandes de papier reçoivent chacune la totalité des signaux venant de la ligne, mais alors que les signaux provenant du transmetteur n° 1 seront tracés à gauche de l'une des bandes, ils seront tracés à droite de l'autre bande, et réciproquement ; et lorsque ces mêmes signaux seront tracés dans le milieu de la largeur de l'une des bandes, ils seront tracés mi-partie à droite et mi-partie à gauche de l'autre bande, et réciproquement. Mais on peut être sûr que sur l'une ou l'autre des deux bandes, on trouvera intacte chacune des deux transmissions.

« Remarquons, dit plus loin le brevet : qu'un double système de récep-
« tion pourrait nous suffire pour recevoir, dans tous les cas, les deux dépê-
« ches, mais si nous ne mettions qu'un seul récepteur à la portée de chaque
« clavier, il arriverait lors de la transposition des dépêches d'une bande
« sur l'autre que les employés devraient aussi changer soit de place,
« soit de correspondant, ce qui se ferait peut-être sans trop d'inconvénients
« en changeant le procès-verbal. »

. . . .

Ensuite le brevet discute et combine divers alphabets de traces.

Nous donnerons plus loin le tableau de la vitesse relative des huit alphabets que nous venons d'indiquer.

Revenons maintenant à l'alphabet n° 4, dont les signes sont transmis par les appareils que nous allons décrire.

Cet alphabet est composé, de même que l'alphabet n° 3, dans six traces élémentaires côtées 1, 2, 4, 8, 16 et 32 ; mais ces traces, qui sont placées sur une seule ligne transversale dans l'alphabet n° 3, le sont sur deux dans l'alphabet n° 4.

Nous avons placé à gauche les traces cotées 1, 2 et 4, puis à droite, sur les trois mêmes lignes longitudinales, les trois traces cotées 8, 16 et 32.

Dans l'alphabet n° 3, les signes n'ont aucune ressemblance avec les caractères typographiques usuels ; aussi peut-on arbitrairement placer les lettres, les chiffres et les signes de ponctuation de gauche à droite sous chacun des signes de cet alphabet, ou choisir d'abord les signes les plus lisibles pour les affecter à la transmission des chiffres, et ensuite prendre les chiffres qui restent pour compléter l'alphabet.

Mais, par le fait de la disposition des six traces élémentaires sur deux lignes transversales dans l'alphabet n° 4, outre la lisibilité bien plus grande que donne cette disposition pour tous les signes, nous avons encore l'avantage de pouvoir affecter à chaque signe la lettre typographique dont la forme a le plus de ressemblance avec ce signe.

C'est dans ce but que, au lieu de suivre, comme dans l'alphabet n° 3, l'ordre naturel de 1 à 63, nous avons pris, pour l'alphabet n° 4, les signes 44, 55, 42, 62, 47, 13, 27, 28, 37, 31, 59, 54, 41, 58, 39, 46, 57, 45, 29, 1 et 18 pour les lettres a, b, c, d, e, f, h, j, l, p, q, u, v, les chiffres 1, 4, 6, 7, 8, 9, l'apostrophe et le trait d'union.

En effet, ainsi qu'on le voit sur le specimen ci-joint, ces signes :

ont une certaine ressemblance avec les lettres, chiffres et signes usuels auxquels ils correspondent.

Lorsque cette légère ressembance de la plupart des signes de l'alphabet n° 4 avec ceux de l'alphabet usuel a été bien saisie, ce n'est qu'une affaire de quelques heures d'exercice à la lecture et à l'écriture de ces signes pour les lire couramment sur une bande de papier, et le public pourra même s'habituer rapidement à la lecture de signes pour la plupart lisibles, et dont l'alphabet sera imprimé sur chaque feuille sur laquelle sera collée la bande de l'appareil récepteur.

Cependant, pour préparer les voies à notre alphabet n° 4, auxquelles nous donnons toutes nos préférences et prédisons le plus d'avenir, à cause de la grande rapidité de transmission qu'il joint à une lisibilité suffisante, et de l'extrême simplicité de l'appareil qui le produisent, nous avons composé les alphabets n° 5, 6 et 7, qui pourront, dans beaucoup de cas, quoique d'une transmission plus compliquée et moins rapide que l'alphabet n° 4, suffire aux exigences du service en donnant des signes d'une lisibilité en rapport inverse de leur rapidité de transmission.

Ces prémisses exposées, nous allons faire la description complète des organes mécaniques par lesquels nous obtenons la transmission des signes de l'alphabet n° 4; puis nous indiquerons les modifications que devront subir les appareils de transmission et de réception pour correspondre entre eux au moyen des autres alphabets.

Les transmetteurs se composent de deux claviers, fig. 15 et 16, pl. XI, de chacun deux séries de trois touches cotées 1, 2, 4, et 8, 16, 32.

Ces touches pivotent en A, etc.

. . . .

Suivent des détails de construction.

Après avoir indiqué les communications susceptibles d'être établies entre les contacts J^2 et les tiges du disque E, par l'abaissement des touches, nous allons décrire les appareils récepteurs.

Nous n'avons pas à nous étendre sur la description générale de nos récepteurs, qui comportent à peu près les mêmes dispositions d'électro-aimants de papier-bande, de déroulement de ce papier, de tampon-encreur, etc., que le récepteur Morse, mais nous allons exposer avec détail les dispositions que nous avons examinées pour mettre nos récepteurs en relation avec les transmetteurs que nous venons de voir.

Quant au déroulement du papier, qui doit être extrêmement lent, nous l'obtenons par les cylindres Q^2, qui reçoivent le mouvement de l'arbre R^2, par l'intermédiaire de roues et de pignons dentés.

Après l'exposé que nous avons fait plus haut, d'abord de la théorie sur la transmission multiple sans synchronisme, et ensuite des raisons qui nous font préférer l'impression des signes de bas en haut et celle de haut en bas, il ne nous reste plus rien à dire des deux pas de vis fixés sur le même arbre et limités par deux génératrices opposées, car, pour expliquer la transmission et la réception, nous devrions répéter textuellement ce que nous avons déjà dit.

Nous savons également pourquoi nous avons un double système de réception pour correspondre avec un transmetteur simple.

L'extrême lenteur du déroulement de la bande de papier nous a forcé de compliquer un peu l'armature du récepteur.

En effet, dans le récepteur Morse, la bande, ayant un déroulement assez rapide, se trouve, par le fait même de ce déroulement, éloignée assez vite de la molette pour qu'il ne reste, après le trait produit par le courant, aucune bavure préjudiciable.

Il n'en serait pas de même pour la réception de nos signes si nous adoptions le simple couteau de l'armature Morse, car ces signes exigent une certaine netteté, et la bande déroulant très lentement, l'hélice pourrait y laisser, après la transmission d'un signe, des bavures qui en rendraient la lecture difficile.

Pour éviter cet inconvénient, nous rendons la bande de papier absolument solidaire du mouvement de l'armature, en la faisant passer au-dessus et au-dessous des petites tiges transversales X^2, fig. 20, rivées sur les montants Y^2, brasés sur la lame Z^2, qui fait partie de l'armature.

Nous avons également remplacé le couteau simple de l'armature Morse par une petite traverse W^2, à double arête, prise entre les montants Y^2, et nous avons pratiqué une petite rainure angulaire entre les deux arêtes, afin que le papier, y pénétrant légèrement, puisse recevoir une trace d'une épaisseur déterminée et parfaitement nette.

Avant de passer aux modifications à apporter aux transmetteurs et aux récepteurs pour faire correspondre ces deux organes au moyen des autres alphabets, nous allons décrire un manipulateur à clavier dont chaque touche isolée transmettra un signe de l'alphabet n° 4.

Dans la description que nous venons de faire des appareils destinés à correspondre entre eux au moyen de notre alphabet n° 4, nous avons employé le transmetteur le plus simple ; nous croyons même que ce manipulateur donnera la transmission la plus rapide lorsqu'il sera manœuvré par des doigts exercés ; mais il y a dans les petites localités des agents qui retiendraient difficilement les soixante-trois combinaisons du clavier de six touches.

Et c'est surtout pour ces agents que nous allons décrire un genre de clavier dont la construction sera un peu plus compliquée, mais dont la manipulation sera de la dernière simplicité.

Le brevet revient ensuite longuement sur les divers alphabets de traces donnant des signaux conventionnels et discute leurs mérites respectifs.

L'alphabet n° 2 se trouve également dans notre précédent brevet.

Nous avons pris les combinaisons dont il est formé dans quarante-neuf traces élémentaires, pour avoir des signes aussi lisibles que possible, attendu que ce grand nombre de traces ne nuisait en rien à la rapidité de la transmission, qui était instantanée ; mais ici que nous produisons ces traces successivement, nous devons autant que possible en réduire le nombre, afin d'augmenter la vitesse de transmission.

Cet alphabet pourra cependant être transmis d'après les mêmes principes que ceux n°° 4, 5, 6 et 7, en augmentant en conséquence le nombre des tiges du disque E et en disposant la série de ces tiges de façon à les faire correspondre aux tours de l'hélice.

Les traverses F^3 porteraient des combinaisons de tiges, de manière à faire fonctionner les combinaisons correspondantes de quarante-neuf paires de leviers.

Les combinaisons de tiges portées par les traverses F^3 des touches étant les mêmes que celles des traces à obtenir, nous les trouvons sur le tableau B du précédent brevet.

Mais nous pensons que les alphabets n°° 7, 6, 5 ou 4, offrant une lisibilité suffisante et une plus grande rapidité de transmission, remplaceront avantageusement dans la transmission par un seul fil l'alphabet n° 2.

Nous aurions pu établir le tableau B sur les principes du tableau A, c'est-à-dire que, au lieu de numéroter les traces élémentaires de l'alphabet n° 2 de un à quarante-neuf, nous aurions pu indiquer ces traces par le premier, le deuxième, le troisième, etc., jusqu'au quarante-neuvième nombre de la progression géométrique.

Cette dernière méthode a l'avantage de donner la composition précise du signe par un seul nombre, dont on peut successivement extraire toutes les cotes des traces qui concourent à la formation de ce signe.

C'est pour cette raison que nous avons dressé le tableau A complet pour les alphabets n°° 1, 3, 4 et 8, et que nous avons pris pour remplacer le tableau B des extraits du tableau A, pour déterminer avec plus de précision la formation des alphabets n°° 5 et 6, et nous nous réservons la faculté, soit de faire un extrait du même genre, soit d'établir le tableau B pour l'alphabet n° 7 lorsque nous voudrons aménager nos appareils à la transmission de cet alphabet.

Nous trouvons un autre avantage à coter les traces élémentaires de chaque alphabet avec les nombres successifs d'une progression géométrique : dans le cas, par exemple où l'on voudrait prendre des signes abréviatifs en dehors des alphabets que nous avons formés, il serait d'une importance capitale de les indiquer d'une manière précise par un seul nombre, afin de pouvoir en cas de doute vérifier leur signification sur le tableau A complet ou sur un dictionnaire spécial, dont le numéro de la page et celui de la ligne seraient contenus dans le total des cotes de chaque signe particulier.

On pourrait ainsi faire correspondre un seul signe à des mots et même à des phrases entières (1).

Ces longs développements qui occupent plus de trente pages se terminent par les revendications suivantes :

En résumé, cet invention comprend :

1° La transmission simultanée de dépêches en nombre indéterminé et de quelque alphabet ou combinaisons d'alphabets que ce soit, indiqués pl. XIV, sans qu'il y ait synchronisme entre les appareils transmetteurs et les appareils récepteurs.

2° Les détails et amplifications du résultat que nous obtenons très simplement par la transmission simultanée de deux dépêches se plaçant chacune sur deux bandes de papier, de manière que le défaut de synchronisme dirigeant ces dépêches dans le même sens, l'une d'elle se trouve intacte lorsque l'autre atteint les bords de cette bande.

3° Les divers alphabets ci-dessus décrits, et notamment la disposition sur plusieurs lignes transversales des signes élémentaires transmis, disposition qui permet, par un choix judicieux, d'obtenir des signaux représentant une ressemblance d'autant plus grande avec les lettres ou signes de l'alphabet, que le nombre des traces élémentaires employées pour les signes est plus nombreux.

4° Le sytème de clavier à six touches, par la transmission directe de ses combinaisons, et celui à quarante huit touches, par les combinaisons de ses traverses F^0.

Ces deux systèmes de claviers se rapportent, du reste, au genre de clavier décrit dans notre premier brevet, dont ils constituent un perfectionnement, puisqu'ils permettent de transmettre mécaniquement, au moyen de traverses et de leviers, les combinaisons du tableau A de chaque alphabet à des contacts électriques que nous pouvons réduire au nombre des cotes élémentaires de chacun de ces alphabets.

5° Le disque à cliquet-frotteur tournant et à tiges conductrices et isolantes, qui constitue la partie principale du transmetteur, et dont on peut faire varier à volonté le nombre et les dispositions des cliquets-frotteurs et des tiges, suivant les alphabets ou combinaisons d'alphabets que l'on voudra transmettre simultanément.

6° Le genre d'appareil récepteur qui, soit par plusieurs tours d'hélice, soit par des sections d'hélices superposées sur un même cylindre et dont le nombre correspond à celui des tours que doit faire l'hélice entière, selon les alphabets ou combinaisons d'alphabets à transmettre, nous permet d'obtenir l'impression en double des dépêches transmises.

7° La double soudure d'hélice correspondant aux deux transmissions extrêmes d'une hélice entière, et les deux soudures simples qui débordent les demi-hélices de chacune une transmission.

8° Enfin, les dispositions permettant de transmettre simultanément, au moyen d'un même appareil, plusieurs dépêches écrites au moyen de plusieurs alphabets différents.

____

(1) Voir à ce sujet le système Highton de 1845, page 17 et la note page 38.

Extraits du Mémoire relatif à un projet d'appareil multiple imprimeur,
présenté à l'Administration par M. Baudot (25 juillet 1874).

Dans la plupart des appareils imprimants, l'impression est obtenue au moyen d'une roue portant en relief sur sa circonférence les lettres, signes de ponctuation et chiffres.

Cette roue tourne de façon à amener le caractère désiré en face d'une bande de papier. Son mouvement de rotation est *uniforme ;* il est régularisé, soit par le courant (*appareils à cadrans imprimeurs*) soit par un régulateur (*appareils à mouvements synchroniques*).

L'impression est alors effectuée par la projection, soit du papier sur le caractère, soit du caractère sur le papier.

Le temps qui sépare l'impression de deux signaux dépend de la place qu'occupent l'un par rapport à l'autre ces deux signaux sur la circonférence de la roue des types ; il est par conséquent très irrégulier dans la pratique.

On comprend, en effet, dans l'appareil Hughes par exemple, que le temps qui séparera l'impression des deux signaux A et F sera bien moins considérable que celui qui séparera l'impression des deux signaux A et Z. Dans le premier cas la roue des types n'a qu'à se déplacer légèrement après l'impression de l'A pour présenter l'F au papier ; tandis que dans le second la roue des types animée de *la même vitesse* doit faire un tour entier pour lui présenter le Z.

Or il est facile de s'assurer qu'en suivant une liste formée de toutes les lettres de l'alphabet, et en prenant sur cette liste au fur et à mesure qu'on les trouve les lettres dont on a besoin pour former les mots, on n'en trouvera en moyenne que deux pour un parcours complet de cette liste.

La moyenne du temps qui sépare l'impression de deux signaux dans les appareils dont il vient d'être parlé est donc la moitié de celui que met la roue des types à faire un tour complet.

Comme on le voit, la perte de temps est considérable, et j'entends par temps perdu, celui pendant lequel la ligne ne travaille pas ou travaille inutilement.

Différents moyens peuvent être employés pour le diminuer et par suite augmenter le rendement de l'appareil ; mais alors celui-ci ne pourrait être utilisé complètement par un seul employé. D'un autre côté l'irrégularité avec laquelle les signaux se succèdent et qui caractérise ces appareils rend difficile le travail simultané de plusieurs employés sur un même fil.

Pour ces raisons et d'autres encore, le problème de la télégraphie imprimée rapide m'a semblé difficile à résoudre en partant du principe sur lequel reposent presque tous les appareils imprimeurs dans lesquels : *L'impression d'un signal ne peut être effectuée que lorsque la roue des types tournant d'un mouvement* **uniforme** *vient présenter ce signal au papier.*

Posé d'une façon générale, le problème à résoudre est celui-ci :

Étant donné une cinquantaine de signaux (lettres, chiffres ou signes de ponctuation), imprimer dans un temps le plus court possible un de ces signaux au choix

Ou ce qui revient au même :

Pendant un temps donné, le plus court possible, obtenir un effet à choisir dans une cinquantaine d'effets différents.

J'ai envisagé cette question à un point de vue nouveau et j'ai été amené à la raisonner de la façon suivante :

Appelons T le temps qui sépare le contact d'une pile à une extrémité d'une ligne du fonctionnement d'un électro-aimant à son autre extrémité, et supposons qu'un certain nombre de fois ce temps soit donné pour produire un signal. Si par des moyens convenables on peut faire produire des effets différents aux courants qui seront envoyés pendant T^1, T^2, T^3, T^4, etc., on pourra produire un assez grand nombre d'effets différents en envoyant par exemple un courant pendant T^1 seulement, ou T^2 seulement, ou T^1 et T^2; ou T^4; ou T^1 et T^5; ou T^2 et T^3; ou T^1 T^2 et T^5, etc.

Si les effets produits par les courants envoyés pendant les temps T^1, T^2, T^3, T^4, etc..... vont en croissant de telle sorte que l'effet produit par le courant envoyé pendant T^1 étant 1, celui produit par le courant envoyé pendant T^2 serait 2; pendant T^3 serait 4; pendant T^4 serait 8; pendant T^5 serait 16; pendant T^6 serait 32, etc. On pourra obtenir au choix 7 effets différents pendant 3 T, 15 pendant 4 T, 31 pendant 5 T, 53 pendant 6 T, etc......

Or, si à chacun de ces effets correspond l'impression d'un signal particulier, il en résulte que pendant un temps 6 T, on pourra obtenir l'impression d'un signal à choisir dans 63.

En admettant la possibilité de la mise en pratique de ce principe, on va juger facilement du rendement prodigieux qu'il pourrait donner.

Le temps T que nous avons pris pour unité étant d'après M. Blavier de 3/1000 de seconde environ avec une ligne de 500 K. et avec un electro-aimant Hughes, chaque signal ne demanderait que $0''018$; ce qui donnerait un rendement approximatif de 480 mots de 7 signaux par minute ou près de 1000 dépêches à l'heure!

Le quart de ce rendement serait encore plus que suffisant pour les besoins actuels.

La beauté du résultat m'a déterminé à chercher à appliquer ce principe à la solution pratique du problème.

A l'heure qu'il est j'ai déjà trouvé trois systèmes basés sur le même principe.

Les dessins qui accompagnent ce mémoire appartiennent à l'un d'eux. Ils représentent un appareil à deux manipulateurs et deux récepteurs. Ces dessins sont depuis longtemps commencés, et c'est par des circonstances indépendantes de ma volonté qu'un long temps a été mis à leur achèvement. Depuis lors j'ai apporté des modifications importantes à cet appareil. J'en dirai quelques mots tout à l'heure.

Avant de décrire le jeu des pièces qui le composent, je crois utile d'en donner une idée générale.

Imaginons une rangée circulaire de 6 contacts métalliques, sur lesquels glisse d'un mouvement uniforme un style mis en communication avec la ligne. — Chacun de ces contacts est relié à travers un electro-aimant au bouton du milieu d'un manipulateur Morse dont le bouton postérieur est relié à la terre.

Si deux systèmes identiques et marchant synchroniquement sont établis aux deux extrémités d'une ligne AB, on conçoit facilement que les électro-aimants n° 1 en A et n° 1 en B; puis 2 en A et 2 en B, etc., seront successivement mis en communication par la ligne.

Or si, à l'avance en A, on a abaissé le manipulateur n° 2, il est évident que dès que le style arrivera sur le contact n° 2, un courant ira sur la ligne et fera fonctionner les électro-aimants n° 2 en A et en B.

Si au lieu d'abaisser le manipulateur 2 seulement, on en avait abaissé plusieurs, il est évident que les électro-aimants correspondants auraient fonctionné dans les deux stations. On aurait ainsi un moyen de faire agir à volonté un quelconque ou plusieurs des électro-aimants.

Supposons maintenant que par un moyen convenable, l'electro-aimant n° 1 en fonctionnant fasse décrire 1/63 de tour à une roue des types portant 63 caractères. L'electro-aimant 2, 2/63 de tour; l'électro-aimant 3, 4/63; l'electro-aimant 4, 8/63 de tour, etc..... On aurait alors le moyen de faire prendre à la roue des types 63 positions différentes et par conséquent d'amener en face du papier le caractère à imprimer.

En effet, si on suppose que la roue des types présente ses caractères dans l'ordre alphabétique, il suffirait pour amener la lettre A d'abaisser le manipulateur 1; l'electro-aimant 1 fonctionnerait et faisant tourner la roue des types de 1/63 de tour, la lettre *A* se trouverait au-dessus du papier.

La lettre *B* serait amenée en abaissant le manipulateur 2; la lettre *C* en abaissant les manipulateurs 1 et 2, etc.... Pour cette dernière lettre on comprend que l'effet produit par l'électro-aimant 1 étant de faire tourner la roue des types de 1 division, et celui produit par l'électro-aimant 2, de faire tourner cette même roue des types de 2 divisions, l'effet total sera de la faire tourner de 3 divisions et par conséquent de présenter le *C* au papier, etc.....

Le caractère désiré étant amené en face du papier, il suffira pour en obtenir l'impression de faire projeter celui-ci contre celui-là préalablement encré.

L'impression d'un signal demanderait ainsi deux temps :

1° Placement de la roue des types à la position où elle présente au papier le caractère à imprimer; 2° Impression et retour de la roue des types à la position de repos.

Or la ligne ne serait utilisée que pendant le 1ᵉʳ temps. Pour l'utiliser complètement il suffirait d'employer deux appareils à chaque station. Le style faisant l'office de distributeur mettrait la ligne en communication successive avec les 6 électro-aimants d'un récepteur puis avec ceux de l'autre récepteur, etc..... de telle sorte que la première période, ou placement de la roue des types dans l'un des récepteurs, coïnciderait avec la deuxième période, ou impression et retour de la roue des types dans l'autre. Six électro-aimants peuvent suffire aux deux récepteurs, à la condition d'employer un distributeur mécanique faisant pendant au distributeur électrique. Ce distributeur mettrait successivement les deux récepteurs en relation avec les électro-aimants.

. . . .

Suivent les descriptions d'un *distributeur électrique* avec correction du synchronisme ; d'un *distributeur mécanique* permettant d'employer un seul jeu de 6 électro-aimants pour deux réceptions; de *systèmes imprimeurs* commandés chacun par 6 pièces de détente actionnant une roue des types; de *Manipulateurs* à 6 touches. *Deux Moteurs indépendants* actionnent respectivement le *Distributeur électrique* et les *Organes d'impression*.

. . . .

Suivent ensuite quelques *Notes* donnant quelques explications complémentaires sur les points essentiels du système.

. . . .

Note 1. — Voici pourquoi j'emploie deux moteurs au lieu d'un. En donnant le mouvement au distributeur par un moteur qui n'a que lui à faire mouvoir j'évite les variations de résistance et par suite je rends le synchronisme plus sûr.

. . . .

Note 4. — J'emploie un certain nombre d'électro-aimants successifs.

Quand on produit des signaux successifs au moyen d'un seul électro-aimant, l'armature de celui-ci doit d'abord se déplacer pour en produire un : puis elle doit revenir à sa position de repos pour s'écarter de nouveau en en produisant un autre.

Ce double mouvement ne se fait pas sans une perte de temps considérable, surtout quand les signaux doivent se suivre avec une grande rapidité.

Pour éviter une trop grande perte de temps, on rend l'armature plus légère et on limite son jeu le plus possible. Mais alors la force qu'elle donne est presque nulle, et juste suffisante pour agir comme relais; ensuite la polarisation vient souvent gêner, les contacts sont trop souvent imparfaits, etc.....

En résumé, le temps qui sépare l'envoi de deux signaux dans un même électro-aimant doit être assez considérable pour que, la ligne d'abord, l'électro-aimant ensuite, et enfin l'armature, reviennent à leur état normal.

Si au contraire, nous employons plusieurs électro-aimants avec lesquels la ligne sera successivement mise en communication, il n'en est plus ainsi, car non seulement il n'est pas nécessaire, pour obtenir un second signal, que la ligne l'électro-aimant et l'armature soient revenus à leur état normal ; mais même il n'est pas nécessaire que le précédent soit terminé ; il suffit que le mouvement de l'armature soit commencé.

En effet, supposons que le style qui glisse sur un contact relié à un électro-aimant Hughes soit déjà arrivé à l'extrémité de ce contact au moment où l'armature se soulève. A ce moment le courant venant de la ligne commence à passer dans l'électro-aimant suivant qui est tout prêt à fonctionner. On voit donc que le second électro-aimant a pu lacher son armature avant que celle du précédent ait complètement achevé son mouvement.

Je pouvais donc au commencement de ce mémoire choisir comme unité de temps : le temps qui sépare le contact avec une pile à une extrémité d'une ligne, du soulèvement de l'armature d'un électro-aimant Hughes à l'autre extrémité, ce qui est tout à fait différent du temps nécessaire pour qu'une armature, quittant sa position de repos, arrive d'abord à la position où elle produit un signal, puis revienne ensuite à cette position de repos.

Ainsi donc, sensibilité très grande sans relai et rapidité plus que doublée, voilà les avantages que donne l'emploi d'électro-aimants Hughes successifs.

Il en offre encore un autre : les armatures étant ramenées au contact des pôles des électro-aimants pendant que ceux-ci sont en dehors du circuit, les courants induits sont absolument évités.

. . . .

Note 5. — L'emploi de plusieurs pièces de détente offre pour le système imprimeur mêmes avantages que ceux que je signalais plus haut au sujet des électro-aimants successifs.

Il n'est pas nécessaire qu'une pièce ait terminé son mouvement pour que la suivante puisse commencer le sien. Il suffit que le mouvement de la première soit commencé.

S'il n'en était pas ainsi, c'est-à-dire si un déplacement de la roue des types devait être terminé avant de pouvoir en commencer un second, il faudrait y renoncer ; car pour obtenir une grande vitesse, il faudrait employer une grande force et aucun échappement ou arrêt n'y résisterait dans la pratique.

Dans mon système, les ressorts employés peuvent être très faibles ; il suffit qu'ils puissent donner au point du système les plus éloignés du centre, c'est-à-dire à ceux qui vont le plus vite, une vitesse maximum de 1ᵐ40 par seconde.

Avec cette vitesse et l'usage de l'aluminium pour la construction de toutes les pièces qui peuvent être faites avec ce métal, les effets de l'inertie ne sont pas à redouter.

Je ne m'étendrai pas davantage sur ce système, attendu que j'ai trouvé à le remplacer, je crois, avantageusement.

Dans ce nouveau système, il n'existe ni ressort, ni embrayage, ni came ; je ne puis le décrire ici ; mais, si l'Administration le desire, je lui en donnerai communication dès que les dessins seront exécutés.

Note 6. — Le manipulateur à 6 touches pourra soulever des objections. Les employés devront apprendre un nouveau mode de manipulation qui, au premier abord, paraît difficile. Ne serait-il pas préférable d'avoir un clavier composé d'autant de touches qu'il y a de signaux ?

Je commence par dire qu'il m'est aussi facile de donner à mon appareil un clavier de ce dernier genre qu'un clavier à 6 touches.

Mais je préfère celui-ci et voici pourquoi : les signaux devant être envoyés en temps déterminé il est préférable que l'employé soit averti du moment opportun d'appuyer les doigts, par ces doigts eux-mêmes, que par tout autre moyen. Et pour cela il est nécessaire que ses doigts restent constamment en contact avec les touches. Il n'en pourra être ainsi avec un clavier composé d'un grand nombre de touches parmi lesquelles le doigt devra chercher celle qui doit être enfoncée. A la rigueur on pourrait encore faire sentir au doigt le moment où il peut lâcher la touche au lieu du moment où il doit enfoncer ; mais il restera toujours un désavantage du clavier complet sur le clavier à 6 touches. Avec celui-ci l'employé peut apporter toute son attention à la lecture de sa dépêche : il n'a nul besoin de s'occuper de ses doigts. Avec le premier, l'employé doit regarder à la fois la dépêche et le clavier.

Je pourrais encore faire oberver que l'employé possédant parfaitement sa manipulation à 6 touches sera moins exposé à commettre des erreurs soit en lisant mal, soit en faisant des fausses lettres, que l'employé manipulant sur un clavier complet.

Le premier fera ses signaux instinctivement, son attention n'y sera pour rien ; le second est plus exposé à mettre le doigt à côté de la touche sur laquelle il fallait appuyer.

Reste maintenant la difficulté de l'étude de la manipulation à 6 touches.

Après plusieurs essais je suis arrivé à adopter la méthode table ci-dessus. Je la crois bonne et facile à apprendre. Un de mes amis qui n'en avait aucune idée put apprendre l'alphabet en moins d'une heure.

Il n'y a donc pas là d'obstacles sérieux.

. . . .

Le mémoire se terminait ainsi :

Comme on le voit, ce qui précède est plutôt la description d'un système que celle d'un appareil, puisque, en même temps que je décris celui-ci je propose déjà de nombreuses modifications.

Mais il ne faut pas oublier que l'appareil est décrit comme il était il y a six mois.

Depuis, je l'ai considérablement amélioré, et j'en ai fait un appareil offrant en autres avantages ceux-ci : *Très grande rapidité; indépendance des signaux successifs; possibilité d'employer sur un fil un nombre illimité d'opérateurs*, etc.

Dans le cas où quelques points de ce mémoire paraîtraient obscurs, je serais toujours à la disposition de l'Administration pour en faciliter l'étude par des explications verbales.

Paris, 25 juillet 1874.

Signé : Baudot,

Télégraphiste (station centrale).

Lettre de M. Héquet, chef de la station centrale de Paris, accompagnant
le mémoire et les plans de M. Baudot (28 juillet 1874).

Paris, le 28 juillet 1874.

*A monsieur le Directeur de l'Administration des lignes
télégraphiques.*

MONSIEUR LE DIRECTEUR,

J'ai l'honneur de vous transmettre ci-joint un projet d'appareil imprimant à transmission multiple, imaginé par M. Baudot, employé de 4ᵉ classe au poste central.

Ainsi que le fait remarquer l'inventeur dans son Mémoire, le dessin donne une idée du système tel qu'il était il y a six mois. Mais des modifications importantes peuvent déjà y être introduites, et M. Baudot s'empressera de donner à ce sujet toutes les explications qui lui seront demandées.

Si, après examen, l'Administration reconnaissait que l'idée de cet employé peut devenir réalisable, je pense qu'il serait juste de lui attribuer une indemnité à titre d'encouragement, car ses ressources s'épuisent et, d'autre part, ce travail, qui atteste un effort peu ordinaire de persévérance, a été entièrement accompli en dehors de ses heures de service.

M. Baudot déclare de nouveau qu'il cédera volontiers son système à l'Administration dans le cas où elle voudrait bien se charger des frais de construction.

Le Sous-Inspecteur,   Vu et transmis, l'Inspecteur,
Signé : HÉQUET.   *Signé* : DUCOTÉ.

Premier rapport de la Commission chargée d'examiner le projet de multiple
imprimeur de M. Baudot.

28 avril 1875.

Président : M. BLAVIER, inspecteur divisionnaire ;

Membres :
    MM. HÉQUET, sous-inspecteur ;
    RAYNAUD, sous-inspecteur ;
    CLÉRAC, directeur des transmissions ;
    CHARLES, directeur des transmissions.

L'appareil dont le projet est présenté à la commission est un *multiple imprimeur*. Il renferme, comme le multiple Meyer, un distributeur divisé en autant de secteurs qu'on veut obtenir de transmissions distinctes ; chaque secteur est relié à un clavier à 6 touches. Par l'abaissement simultané de quelques-unes de ces touches, pendant le passage sur le secteur correspondant d'un ressort de contact en communication avec la ligne, on envoie successivement le courant par l'intermédiaire du distributeur d'arrivée, dans un certain nombre d'électro-aimants composant le récepteur du poste relié à ce secteur.

Chacun de ces électro-aimants au nombre de six, est réuni à une des six divisions du secteur de distribution et agit sur une sorte de disque denté. Les six disques sont sur des plans verticaux parallèles et leurs centres sont situés sur une même horizontale : le mouvement de la palette des électro-aimants imprime à l'un ou à l'autre de ces disques un déplacement angulaire dans un sens ou dans l'autre ; et suivant les positions dans lesquelles les disques sont placés par l'action des courants au nombre de six au plus, nécessaires pour la formation d'une lettre, ils permettent à un quelconque parmi 63 goujons correspondant chacun à une lettre ou signe de l'alphabet, et placés suivant les génératrices d'un cylindre ayant le même axe que les disques, de s'éloigner de cet axe. Le goujon ainsi déplacé est rencontré par un chariot tournant et soulève le papier contre la roue des types, mise en mouvement à chaque tour par un embrayage qui la relie au moteur, produisant ainsi l'impression directe par un mécanisme analogue à celui qui a été adopté par M. Terral jeune à l'appareil Hughes-contrôleur, employé pour la transmission double dans les essais de M. Stearns.

Comme appareil imprimeur, le système de M. Baudot repose sur le principe suivant :

On peut avec 6 signaux distincts, pris de toutes les manières possibles, obtenir 63 combinaisons, c'est-à-dire plus qu'il n'en faut pour représenter les lettres, chiffres et signes divers en usage dans les transmissions ; en particulier, si ces signaux distincts représentent le nombre un et les puissances successives de deux, $2^1 = 2$, $2^2 = 4$, $2^3 = 8$, $2^4 = 16$, $2^5 = 85$; on pourra par ces combinaisons diverses obtenir un quelconque des 63 premiers nombres. Ce principe fécond, base de la numération binaire, a été déjà appliqué aux rhéostats et permet d'obtenir des résistances variant d'unité à unité avec le plus petit nombre possible de résistances distinctes.

M. Mimault a également présenté à l'Administration un projet d'appareil à cinq fils fondé sur le même principe et pouvant donner la dépêche en lettres romaines composées d'une série de points. La même idée l'a conduit à imaginer, pour les lignes ordinaires à un fil, un certain nombre d'alphabets dont quelques-uns, théoriquement plus rationnels que l'alphabet Morse et différenciant les signaux par leur position et pas seulement par leur longueur (comme l'alphabet Meyer, par exemple), ne paraissent pas cependant offrir des avantages pratiques assez grands sur le Morse, pour espérer qu'ils puissent réussir à se substituer à cette langue dans les relations internationales.

M. Baudot a utilisé ce principe d'une façon plus rationnelle et plus pratique, en se proposant d'imprimer à volonté une lettre ou signe quelconque à l'aide de six mouvements primitifs, représentés respectivement par 1/63, 2/63, 4/63, 8/63 etc... de révolution d'une roue des types. Au moyen de 6 électro-aimants agissant chacun sur des ressorts capables de faire tourner la roue d'une de ces quantités, il est clair qu'on peut placer cette roue dans l'une quelconque des 63 positions qu'elle doit occuper pour imprimer tous les signaux.

Un mécanisme fort ingénieux avait été tout d'abord construit par lui, pour établir d'une façon irréfutable la possibilité de ce résultat.

Ce mécanisme a été remplacé, dans le nouveau projet, par l'organe dont nous allons essayer de donner une idée.

Concevons une sorte de crémaillère verticale fixe A dont les dents sont séparées par des intervalles égaux à leur épaisseur et numérotons les vides ou intervalles au nombre de sept. Derrière, nous plaçons la crémaillère n° 1 dont les pleins ou vides sont doubles des précédents et qui contient, par suite, seulement quatre dents doubles, puis la crémaillère n° 2 présentant deux dents doubles, et la crémaillère n° 4 qui n'a qu'une seule dent double.

Supposons qu'on déplace la crémaillère mobile n° 1 vers le haut de la largeur d'une dent simple, on aura une série de vides continuant sans interruption le vide de la crémaillère fixe. Remettons cette crémaillère dans sa première position et déplaçons la cremaillère n° 2 de la même quantité, on aura une série d'espaces vides continuant le vide n° 2 de la crémaillère fixe; en déplaçant seulement la crémaillère n° 4 on aura la série des vides continuant le vide n° 4. En combinant les divers déplacements des trois crémaillères mobiles on pourra à volonté obtenir une série de vides continuant un quelconque des sept vides numérotés de la crémaillère fixe. Enroulons maintenant chacune de ces tiges dentées sur la circonférence d'une série de plateaux verticaux de manière à créneler leur bord suivant le dessin de ces tiges, dont un fixe et les trois autres pouvant subir un déplacement angulaire d'une dent, par l'action d'électro-aimants; on pourra placer par l'action de ces electro-aimants les 3 disques mobiles crénelés dans une position telle, par rapport au disque fixe crénelé, qu'on ait une série de vides contenant un quelconque des vides du plateau fixe.

Derrière les plateaux, plaçons horizontalement un électro-aimant dont les pôles s'épanouissent chacun sur un plateau de fer doux d'un diamètre peu inférieur à celui des disques dentés; puis imaginons sur le pourtour des surfaces polaires et suivant les génératrices du cylindre dont elles sont les bases, 7 goujons en fer articulés sur la base postérieure du cylindre, libres à leur autre extrémité, et que des ressorts respectifs tendent à écarter de l'autre plateau contre lequel ils sont maintenus par l'attraction de l'électro-aimant traversé par un courant. Les prolongements de ces goujons arrivent dans un espace vide formé par un evidement intérieur des disques dentés, et un seul des goujons pourra obéir librement à l'action de son ressort. Ce sera le goujon dont le prolongement rencontrera devant lui tous les vides des disques. Alors, par l'envoi, au au plus, de trois courants de ligne convenablement distribués dans 3 électro-aimants qui font mouvoir les disques, on permettra à un goujon déterminé de s'écarter de l'axe et par suite d'être rencontré par le chariot tournant qui parcourt le disque fixe. Avec un disque fixe muni de 63 dents et 6 disques mobiles convenablement crénelés et commandés chacun par un électro-aimant, on pourra de même rendre libre un quelconque parmi 63 goujons disposés comme les sept précédents.

Cet organe, comme le mécanisme qu'il remplace et auquel il a été fait allusion, constitue la partie vraiment originale du projet de M. Baudot. La commission ne s'est pas arrêtée aux dispositions nouvelles que ce projet renferme pour le régulateur du synchronisme et son correcteur. auxquels l'inventeur veut appliquer l'électro-diapason de M. Mercadier. A défaut d'un mode nouveau, M. Baudot trouvera, dans les solutions connues, la disposition convenable pour obtenir le synchronisme qui lui est nécessaire.

Quant à la vitesse de transmission qu'il serait possible d'obtenir avec cet appareil, on peut la deduire théoriquement de sa comparaison avec le multiple Meyer. Chaque secteur du distributeur Meyer renferme douze divisions; chaque secteur du multiple Baudot en renferme 7, séparées par un tres petit intervalle comme les douze divisions du Meyer. Une des 7 divisions est consacrée à l'embrayage de la roue des types, les 6 autres à la formation d'une lettre imprimée. Le courant de ligne agissant directement et successivement sur les électro-aimants différents, il y a tout interêt à conserver la ligne chargée, quand les divisions sur lesquelles arrive la pile ne sont pas contiguës. M. Baudot obtient ce résultat par l'emploi de courants compensateurs, suivant le système imaginé par M. Wheatstone.

D'après cela, théoriquement, on obtiendra une lettre imprimée avec cet appareil dans un temps 7, alors que dans les mêmes conditions, le multiple Meyer exige, pour obtenir une lettre Morse, un temps 12. Son rendement théorique est donc les 12/7 de celui du Meyer.

Conclusions. — La Commission ne saurait évidemment se prononcer en connaissance de cause sur un appareil aussi important, tant qu'elle n'aura pour s'éclairer que les plans et les explications fournies par l'inventeur. Cet appareil compliqué, dans lequel l'inventeur a su mettre à profit les découvertes télégraphiques les plus récentes, renferme de plus des parties entièrement neuves et des organes dont l'expérience n'a pas permis d'apprécier la valeur. Mais, considérant que tous les éléments nouveaux de l'appareil reposent sur des données théoriques exactes, que les difficultés mécaniques qu'il présentera certainement dans sa construction ne paraissent pas *a priori* insurmontables ;

Considérant que, dans les reliefs en carton ou en métal que M. Baudot lui a présentés à l'appui de son projet, l'inventeur a justifié d'aptitudes pratiques de construction de nature à faire présumer qu'il pourra diriger convenablement l'exécution de son appareil ; en présence du résultat qu'il s'agit d'obtenir ;

La Commission propose à M. le Directeur de l'Administration d'autoriser M. Baudot à faire construire, aux frais de l'Administration, les parties essentielles de son système et de mettre à sa disposition le matériel nécessaire (moteurs et rouages d'appareils Hughes, roues des types, etc.), pour qu'il puisse, d'ici quelque temps, donner expérimentalement la preuve de la possibilité de réaliser le résultat qu'il annonce.

Elle pense que, pour ce premier essai, un crédit de 2,000 francs pourrait être ouvert à l'Inspecteur du Dépôt central qui chargerait de la surveillance de leur emploi M. Charles, directeur des Ateliers et membre de la Commission.

D'un autre côté, l'Administration, par une répartition convenable ou une dispense partielle des heures de service, donnerait à M. Baudot le temps et les facilités qui lui sont nécessaires pour assurer l'exécution de ce travail.

Enfin, la Commission, tenue par M. Charles au courant des progrès de la construction, pourrait être appelée à émettre de nouveau un avis sur la suite qu'il convient de donner au projet, dès que l'inventeur sera en état de faire devant elle les expériences préliminaires dont elle émet le vœu à l'unanimité.

Paris, le 28 avril 1875.

Le Président,

Signé : BLAVIER.

Le Rapporteur,

Signé : RAYNAUD.

Extrait du rapport de la Commission de perfectionnement sur les expériences faites
avec l'appareil multiple imprimeur, fabriqué à titre d'essai
par M. Baudot, dans les ateliers de l'Administration (mai à décembre 1875)

La Commission, composée de :

M. BLAVIER, *président ;*
MM. HÉQUET,
RAYNAUD,
CLÉRAC.
CHARLES, } membres.

s'est réunie, le 15 décembre 1875, dans une des salles de la Station centrale,
où se trouvaient disposés les organes essentiels composant le système de
M. Baudot.

Les mouvements d'horlogerie étaient empruntés à 3 appareils Hughes :
sur le premier appareil étaient placés le manipulateur à 5 leviers et le distributeur de départ, occupé seulement sur 1/5 de sa surface ; sur le second, le
distributeur d'arrivée occupé également sur 1/5 de sa surface ; sur le troisième, l'organe désigné par l'inventeur sous le nom de *combinateur,* et le
récepteur imprimeur avec ses 5 électro-aimants. Un circuit de ligne d'environ 530 kilomètres, en fil de fer de 4 millimètres, ayant été interposé entre
le distributeur de départ et celui d'arrivée, et les appareils étant réglés à
une vitesse de 2 tours par seconde, M. Baudot a transmis régulièrement
1 lettre par tour, soit 2 lettres par seconde, 120 par minute, soit $\dfrac{120}{6} =$
20 mots (de 5 lettres + 1 pour l'intervalle) par minute, ou 1,200 mots à
l'heure, ou 40 dépêches de 30 mots à l'heure. Le distributeur n'étant divisé
que sur 1/5 de sa surface, la ligne reste inutilisée pendant les 4/5 de la
durée de chaque révolution, et par suite cinq employés pourront travailler
sur le même fil, dont le rendement théorique sera ainsi porté à 200 dépêches
imprimées (de 30 mots) à l'heure.

Le même résultat a été obtenu, en prenant la terre du récepteur à
Versailles, ce qui porte la longueur du circuit à 550 kilomètres. Par suite,
on peut admettre qu'un multiple imprimeur à cinq employés pourra, dans
ces conditions de vitesse, faire le service entre Paris et Lyon.

En présence de ce résultat, la Commission, à l'unanimité, est d'avis
qu'il y a lieu de proposer la construction définitive d'un appareil à quintuple transmission.

.   .   .   .

15 décembre 1875.

Consultation pour le Ministre des Postes et des Télégraphes.

Il est nécessaire de passer rapidement en revue les différents progrès qui se sont accomplis en télégraphie, ceux du moins qui touchent au procès actuel intenté à Baudot par Mimault, avant d'examiner si les revendications de Mimault sont fondées.

Dès qu'il fut reconnu qu'il était possible de transmettre des signaux électriques à une grande distance par l'intermédiaire de fils conducteurs, et qu'on songea à utiliser ces phénomènes pour la correspondance, la première idée qui devait se présenter et qui s'est présentée. en effet, était d'employer un nombre de fils égal au nombre des signaux à transmettre.

En 1881, Sœmering employa trente-cinq fils correspondant aux vingt-cinq lettres de l'alphabet et aux dix chiffres.

On obtint le même résultat avec vingt-cinq fils, en convenant de représenter les chiffres par des lettres.

Dans tous les cas, ces différents fils étaient successivement excités dans l'ordre indiqué par les lettres ou les chiffres de la dépêche.

Comme la plus grande dépense correspond précisément à l'établissement de ces fils conducteurs, on a cherché, de diverses manières, à en réduire le nombre. C'est sur ce point, indiqué par les exigences de la pratique, que s'est portée toute l'activité des inventeurs.

Avant d'aller plus loin, nous devons faire remarquer qu'un fil conducteur de l'électricité peut être parcouru par deux espèces de courants électriques ; dont l'un a été appelé *positif* et l'autre *négatif*, ce qui permet de mettre un même fil dans trois états différents :

> *Naturel*,
> *Courant positif*,
> *Courant négatif*.

On voit déjà qu'avec les courants positifs et négatifs on pouvait de suite réduire de moitié le nombre des fils primitivement adopté, chacun d'eux étant capable de donner deux lettres, l'une par le courant positif, l'autre par le courant négatif.

En convenant de représenter chaque lettre, non par un signe isolé, mais par l'ensemble des signes de différents fils mis en jeu simultanément, on a été immédiatement beaucoup plus loin dans la réduction du nombre des fils.

Dès 1838, Davy a montré dans son brevet qu'on pouvait avec trois fils seulement et un récepteur convenable, mettre en évidence l'existence et le sens du courant dans chacun des fils, et obtenir ainsi vingt-six combinaisons différentes utilisables; il s'est arrêté à ce nombre de trois fils parce qu'un quatrième eût été superflu pour le nombre nécessaire de signaux à transmettre.

Plus tard, en 1855, Whitehouse a utilisé, de son côté, la combinaison des signaux de différents fils, mais il renonça, pour des raisons que nous n'avons pas à discuter, à l'emploi des deux espèces de courants.

N'ayant plus à sa disposition que deux signaux par fil, l'état naturel et le passage d'un courant, il dut naturellement augmenter le nombre des fils, et il montra qu'avec cinq il obtenait trente et une combinaisons différentes utiles, ce qui était plus que suffisant pour les besoins de la transmission télégraphique.

Il n'y avait jusque-là aucun principe nouveau dans l'appareil de Whitehouse, et l'accroissement du nombre des fils semble un pas en arrière plutôt qu'un progrès.

Toutefois, Whitehouse a ajouté au poste de départ un clavier qui permettait de produire automatiquement, par l'action d'une touche, la combinaison des signaux qui donnait au poste d'arrivée la lettre correspondante. Mais il fallait encore une traduction spéciale des indications de l'appareil récepteur.

Dans un brevet de 1848, Highton frères avaient été déjà plus loin que Whitehouse, car ils indiquent le moyen de recevoir au poste d'arrivée, par des procédés purement automatiques, la lettre qui correspond à la combinaison mise en jeu au poste de départ, et même de l'imprimer directement en caractères ordinaires.

Nous touchons ici l'un des points les plus délicats du procès, qu'il importe de bien éclaircir.

Highton, utilisant dans leur transmission mécanique les trois états de chaque fil (*naturel, positif, négatif*), n'ont eu besoin, pour obtenir les vingt-cinq lettres, que des trois fils de Davy.

L'idée de leur appareil est très simple :

Un courant local peut, à l'aide de combinaisons convenables d'organes commandés par les trois fils, aboutir à l'un quelconque de vingt-six électro-aimants, dont chacun correspond à une des lettres de l'alphabet.

Le premier fil, pouvant être dans trois états différents, manœuvre un organe distributeur par un électro-aimant qui ouvre au courant de la pile locale l'un quelconque de trois chemins différents (*comme une aiguille triple de chemin de fer peut diriger un train sur trois voies différentes*).

Chacun de ces chemins de premier ordre aboutit à un nouveau distributeur manœuvré par le deuxième fil. Ce deuxième fil règle donc le jeu de trois distributeurs dont chacun ouvre encore à volonté l'une quelconque des trois voies déjà commandées par le premier fil, ce qui fait en tout neuf voies possibles de deuxième ordre. Enfin, chacune de ces neuf voies aboutit à un distributeur triple. Ces neuf distributeurs sont manœuvrés par le troisième fil, ce qui donne vingt-sept voies de troisième ordre.

(Il n'y a réellement que vingt-six voies utilisables, parce que l'état naturel des trois fils qui est une de ces combinaisons ne peut pas servir dans la pratique.)

Finalement, un état électrique convenable de chacun des trois fils de ligne livre, à la volonté de l'expéditeur, passage au courant local sur une quelconque des vingt-six voies pour mettre en jeu un quelconque des vingt-six électro-aimants, de manière à produire une des lettres de l'alphabet. Cette lettre s'imprime même en caractères ordinaires.

Suit un diagramme qui donne une idée très exacte du principe imaginé par Highton . . . .

Un clavier à six touches, au poste de départ, ou un clavier à vingt-six touches commandant le premier par des transmissions mécaniques (comme dans l'appareil Whitehouse) et un organe récepteur de chacune des vingt-six lettres complètent l'appareil. Ce sont là des problèmes qui peuvent être considérés comme résolus, et les solutions indiquées sont depuis longtemps dans le domaine public.

En résumé, ce qui caractérise l'appareil de Highton, c'est que les distributeurs (un sur le 1ᵉʳ fil, trois sur le 2ᵉ, neuf sur le 3ᵉ) se commandent successivement. Le distributeur du premier fil envoie le courant local dans l'un quelconque des trois distributeurs qui le suivent et qui sont manœuvrés par le deuxième fil ; celui de ces trois distributeurs nouveaux qui a reçu le courant, le dirige vers l'un quelconque des trois distributeurs du troisième fil, avec lesquels il est en relation. Ce dernier le transmet à l'un quelconque des trois électro-aimants qui le suivent. Ce mode de distribution est identique, en principe, à celui qui a été désigné par Mimault, sous le nom de *rameau-conducteur*.

Les progrès de la télégraphie consistant surtout à réduire le nombre des fils et à augmenter le rendement de chacun d'eux ou la vitesse de transmission (ce qui revient au même, puisqu'on économise ainsi l'établissement de nouveaux fils en même temps qu'on accroît le travail des employés), nous indiquerons ici, pour mémoire, les principes qui ont guidé les inventeurs dans ce nouvel ordre d'idées.

Il est d'abord de toute nécessité, par raison d'économie et pour d'autres motifs encore, que les dispositions d'un appareil pratique soient tellement conçues qu'un fil unique suffise à la transmission des dépêches.

On a obtenu la variété convenable de signaux pour les différentes lettres de plusieurs manières.

1° *Par le nombre des signaux.*

On peut convenir que les lettres seront représentées par un nombre variable de signes. Par exemple :

1 signal pour la lettre *a* ;

2 signaux pour la lettre *b* ;

3 signaux pour la lettre *c*, etc., etc.

Les différents groupes de signaux correspondant à chacune de ces lettres seront séparés par des intervalles de repos assez longs pour qu'ils ne soient pas confondus au poste de réception.

Des différents signaux élémentaires peuvent d'ailleurs être identiques entre eux ou différer par l'emploi de courants de signes contraires (positif ou négatif).

Exemple : Télégraphe à cadran.

      —   à aiguilles de Wheatstone.

      —   à miroir de Thompson.

      —   imprimeur de d'Arlincourt.

      —   imprimeur de Wheatstone.

      —   siphon Recorder.

2° *Par la durée relative des signaux.*

On divise habituellement les durées en deux espèces seulement : les durées courtes (points) et les longues (traits).

Chaque lettre est représentée par un certain nombre de signaux courts et longs se succédant dans un certain ordre et séparés, par un intervalle convenable, des signaux relatifs à la lettre suivante.

Exemple : Télégraphe Morse.

3° *Par le synchronisme de l'expéditeur et du récepteur.*

Imaginons que deux aiguilles tournant en face de deux cadrans, l'une à Paris, l'autre à Lyon, soient toujours concordantes. Les cadrans étant divisés en vingt-six parties (25 lettres et une croix), comme dans le télégraphe à cadran, les deux aiguilles sont toujours en même temps en face de la même lettre. Si l'on fait passer un courant sur le fil au moment où l'aiguille de Paris est en face de la lettre A, l'aiguille de Lyon donnera alors un signal correspondant et reproduira la même lettre, en impression si on le veut.

Exemple : Télégraphe Hughes.

4° *Par la division du temps.*

Quelle que soit l'habileté de l'opérateur, le fil n'est occupé que pendant une partie du temps par chaque employé, parce que la durée du passage électrique d'un signal est incomparablement plus courte que le temps nécessaire à l'employé pour produire ce signal. On conçoit donc que, pendant chaque tour de l'aiguille précédente, la ligne peut être mise à la disposition, successivement, de différents couples d'employés à Paris et à Lyon.

Si l'on divise, par exemple, le tour d'aiguilles en cinq parties, le premier groupe de deux employés disposera du fil pendant le premier cinquième de tour, le second pendant le deuxième cinquième, etc., de sorte que dix employés, cinq à chaque bout, pourront se servir en même temps de la ligne, chacun des groupes émettant ou recevant une lettre par *tour*. Comme la vitesse d'expédition de chacun des groupes n'est pas diminuée, le travail total de la ligne sera donc quintuplé.

Exemple : Télégraphe Meyer.

Nous ne rappellerons pas ici d'autres perfectionnements plus délicats qui exigeraient, pour être seulement indiqués, quelques considérations théoriques et n'auraient dans le cas actuel aucune utilité.

Les progrès que nous venons de résumer ont été réalisés dans plusieurs appareils différents, et les principes sur lesquels ils reposent sont depuis bien des années dans le domaine public.

Mimault et Baudot, non seulement les ont trouvés dans le domaine public, mais ils en ont constamment vu l'application, avant de prendre leurs brevets, dans l'administration dont ils faisaient partie.

Il est utile, en effet, de rappeler que Mimault et Baudot étaient tous deux employés de l'Administration des télégraphes. Par leurs fonctions mêmes, ils étaient en mesure de connaître tous les progrès antérieurs, les problèmes à résoudre, et ils savaient dans quelle direction devaient se porter leurs efforts.

L'un de ces problèmes, par exemple, était d'appliquer le principe de la division du temps à un appareil qui imprime les dépêches en caractères ordinaires.

Nous n'avons pas à examiner tous les détails de l'appareil Baudot, mais seulement s'il renferme quelque partie dont le droit d'usage pourrait être revendiqué contre lui par Mimault.

Nous devons, au contraire, discuter avec soin le brevet de Mimault pour savoir si sa réclamation est justifiée. Nous suivrons ici presque textuellement le rapport des experts, et sur la plupart des points nous n'aurons qu'à reproduire leur appréciation avec notre assentiment.

Dans le brevet de Mimault (17 janvier 1874), les experts ont relevé seulement les alinéas suivants, sur lesquels s'appuie la revendication de Mimault, les seuls par conséquent qu'il soit utile d'examiner.

§ 1ᵉʳ. La présente demande de brevet a pour but de nous garantir la propriété exclusive d'un nouveau système de télégraphe imprimeur, dont le principe est essentiellement basé sur l'emploi de signes élémentaires correspondant aux cinq premiers nombres de la progression géométrique.

§ 2. D'après ce principe, les positions respectives de ces signes sur plusieurs lignes parallèles permettent de constituer un nombre de signaux différents égal à la somme des nombres qui forment cette progression.

§ 3. Les cinq premiers nombres de la progression géométrique étant 1, 2, 4, 8, 16 et leur somme totale 31, nous pouvons au moyen de cinq fils de ligne obtenir trente et un signaux différents, en prenant isolément ou en combinant entre eux les cinq signes élémentaires provenant des cinq fils de ligne; car, en attribuant à chaque fil et au signe élémentaire qu'il forme la valeur numérique de l'un des nombres de cette progression, on pourra représenter tous les nombres de 1 à 31 par un signe élémentaire isolé ou par la combinaison de plusieurs de ces signes.

D'après les experts :

« Le premier alinéa ne signifie rien en lui-même. Il y a une infinité de progres-
« sions géométriques, mais l'auteur a en vue une progression particulière dont le
« premier terme est 1 et la raison 2.

« Cet alinéa ne renferme aucun principe.

« Le second alinéa est absolument inintelligible, mais la suite du brevet nous a
« appris ce que l'auteur voulait dire.

« En résumé, disent les experts, on ne peut trouver dans ceci que deux idées
« distinctes.

« PREMIÈRE IDÉE. Prendre cinq signes fournis chacun par un fil de ligne distinct
« et former les trente et une combinaisons qu'on peut en faire.

« DEUXIÈME IDÉE. Attribuer à chacun des cinq signes les valeurs 1, 2, 4, 8, 16
« pour que chacune des combinaisons représente un des nombres de 1 à 31.

« La première idée n'est pas nouvelle; quant à la seconde, elle n'a d'application
« dans le brevet que comme moyen mnémotechnique pour se rappeler plus facilement,
« suivant l'auteur, la correspondance des signes composés et des alphabets. »

Notre opinion est à peu près identique à celle des experts.

Le premier alinéa, en effet, annonce l'emploi des cinq signes et le second déclare que *les positions respectives de ces signes sur plusieurs lignes parallèles permettent de constituer un nombre de signaux différents égal à la somme des nombres qui forment la progression,* c'est-à-dire 31.

Or, d'après ce qui a été dit plus haut, le brevet Whitehouse utilise précisément cinq signes disposés sur des lignes parallèles et permettant de constituer trente et un signaux différents. Il n'y a donc là rien de neuf.

Quant à la progression géométrique, que les experts considèrent comme un simple moyen mnémonique, Mimault y insiste à diverses reprises comme étant le principe original de son invention, et sur ce point nous ajouterons quelques remarques.

L'idée de cette progression peut être interprétée de deux manières :

1° Comme un moyen mnémonique pour rappeler la correspondance des signes composés et des alphabets, ainsi que le nombre des combinaisons différentes que l'on peut obtenir avec un fil, deux fils, trois fils, etc., dont chacun donne deux signes élémentaires identiques.

Il n'y a pas à discuter la propriété d'un inventeur sur des moyens mnémoniques. Cela ne peut être l'objet d'un brevet, et nous n'insisterons pas sur ce point qui n'est pas en question dans le procès;

2° Comme la traduction algébrique du mécanisme à l'aide duquel Mimault se propose de recueillir les signaux transmis par les cinq fils différents.

Les fonctions successives des cinq fils peuvent, en effet, être considérées comme représentées par les termes de cette progression, qui a été désignée dans le procès sous le nom de *progression binaire.*

Nous reviendrons plus loin sur la propriété du mécanisme appelé *rameau-conducteur.*

« Tout ce qui suit, à partir du quatrième alinéa, disent les experts, ne renferme
« que des descriptions de dispositions mécaniques diverses et des systèmes d'alphabets.
« Pour trouver un exposé d'idées, il faut aller jusqu'à la fin du brevet où on .it :

« En résumé ce télégraphe imprimeur est spécialement caractérisé par les points
« essentiels suivants :

« 1°..

« 2°..

« 3° Le rameau-conducteur. ou tout mécanisme dont les éléments représenteraient
« dans leurs fonctions les nombres successifs d'une progression géométrique, de
« manière à traduire un effet multiple reçu par un effet simple;

« 4°..

« 5°..

« 6°..

« Mimault ne revendique contre Baudot aucun des articles 1°, 2°, 4°, 5°, 6°. Reste
« l'article 3°. Sous ce numéro sont revendiquées deux choses : la première est un
« organe précédemment décrit sous le nom de *rameau-conducteur;* la seconde est
« indéterminée quant à sa forme et assujettie seulement à être contenue dans le prin-
« cipe formulé par Mimault. Il dit : *Tout mécanisme dont les éléments represen-*
« *teraient dans leurs fonctions les nombres successifs d'une progression géomé-*
« *trique, de façon à traduire un effet multiple par un effet simple.* »

Il est inutile de citer ici l'interprétation de cette phrase par les experts et la description du rameau-conducteur. Ce que nous avons dit plus haut sur le brevet de Highton nous permet d'expliquer très brièvement la disposition de Mimault.

Au lieu d'utiliser les trois états du fil comme Highton (naturel, positif et négatif) Mimault n'en utilise que deux (fil naturel et fil traversé par un courant).

Comme dans l'appareil de Highton, Mimault emploie une pile locale dont le courant suit une route tracée dans chaque cas par un certain nombre de distributeurs que manœuvrent les différents fils de ligne.

Ces distributeurs ne sont qu'à deux voies. Le premier distributeur, manœuvré par le premier fil, ouvre au courant local l'un quelconque de deux chemins.

Chacun de ces chemins de premier ordre aboutit à un nouveau distributeur double manœuvré par le deuxième fil de ligne; ce qui fait quatre chemins de deuxième ordre.

Chacun de ces quatre chemins de second ordre aboutit à un distributeur semblable, manœuvré par le troisième fil de ligne. etc.

En continuant ainsi, comme on le voit sur le diagramme qui suit, on trouve après le cinquième fil trente-deux chemins (dont un n'est pas utilisable), de sorte que par le jeu simultané des cinq fils on peut, en définitive. faire aboutir le courant local à l'un quelconque de trente et un organes dont chacun représentera une lettre ou un signe quelconque.

On peut dire, avec Mimault que les éléments de son appareil représentent dans leurs fonctions les nombres successifs d'une progression géométrique.

En effet, le 1er fil manœuvre 1 distributeur.

le 2e — 2 distributeurs.

le 3e — 4 —

le 4e — 8 —

le 5e — 16 —

En n'utilisant que deux états pour chaque fil de ligne, Mimault a été obligé d'aller jusqu'à cinq fils afin d'obtenir le nombre de signaux exigé par les nécessités du service télégraphique; 4 fils en effet n'auraient donné que quinze combinaisons.

Si, au contraire, chacun des distributeurs avait ouvert trois voies, au lieu de deux seulement, il aurait suffi de trois fils pour ouvrir au courant local l'un quelconque des vingt-six chemins. C'est précisément l'idée brevetée par Highton en 1848.

Highton en a donné en même temps une solution mécanique. Il a ainsi *traduit un effet multiple par un effet simple*, puisqu'il imprimait la dépêche en caractères ordinaires.

L'emploi d'une progression géométrique et sa traduction mécanique pour la transmission de vingt-six signaux distincts étaient donc dans le domaine public depuis le brevet de Highton. Il est vrai que la raison de cette progression était 3, tandis que Mimault a adopté la raison 2.

Au point de vue arithmétique ou mécanique, il n'y a aucun droit de priorité à établir sur cette seconde solution, le principe étant identique. On doit même ajouter que la solution Highton avait pour les besoins de la télégraphie l'avantage capital d'économiser deux fils sur cinq.

On peut donc dire que l'idée de Mimault n'était ni une nouveauté ni un progrès. Mais nous n'avons pas à insister sur ce point, puisque Baudot ne conteste pas à Mimault la propriété du rameau-conducteur et qu'il n'en fait pour son compte aucun usage.

On a cru voir dans une des combinaisons du clavier de Baudot la reproduction de cette progression géométrique; mais la disposition des touches de contact, dans l'appareil Baudot, n'est liée en aucune façon à l'idée d'une progression, dont la réalisation mécanique est caractérisée par des organes qui *se commandent successivement*, de sorte que le nombre de leurs fonctions varie comme les termes d'une progression.

Dans l'appareil Baudot les combinaisons de cinq signes sont absolument indépendantes, et la réalisation mécanique comporte des millions de solutions.

Ces combinaisons sont aussi indépendantes les unes des autres qu'elles l'étaient dans l'appareil de Whitehouse, qui employait également cinq signes.

Dans le n° 4 du paragraphe cité plus haut, les experts ont ajouté que Mimault, après avoir indiqué le rameau conducteur, « conçoit qu'on peut réaliser la même

« chose par d'autres dispositions, et il se réserve tout appareil partant des données
« ci-dessus et arrivant au même but. Seulement, comme il est frappé de la progression
« des membres 16, 8, 4, 2, 1, il ajoute : *dont les éléments représenteraient dans*
« *leurs fonctions les nombres successifs d'une progression géométrique.*

« Cette limitation est d'ailleurs superflue, et Mimault semble ainsi *réduire bien*
« *inutilement l'étendue de ses droits.* »

Ici nous sommes obligés d'exprimer avec fermeté une opinion toute différente.
Nous ne croyons pas qu'on puisse se substituer à un inventeur et donner après coup à
un brevet, par voie d'interprétation, une portée et une extension plus grande que
celles que l'auteur a voulu y mettre lui-même.

En fait, Mimault paraît préoccupé d'une idée unique ; il ne laisse échapper
aucune occasion d'insister sur le même principe et de préciser que son brevet est
basé sur cette progression géométrique, suivant laquelle s'effectue le jeu des différents
organes qui constituent le rameau-conducteur.

Quand au nombre de cinq signes différents, dont Mimault paraît vouloir se
réserver la propriété, il est dans le domaine public depuis Whitehouse. Baudot s'est
arrêté à ce nombre 5, parce qu'il n'utilise aussi que deux états de fil (état naturel,
état positif), se réservant les courants négatifs pour d'autres fonctions destinées à
entretenir le bon état de la ligne ; mais *c'est* en réalité *la seule analogie qui subsiste*
entre son appareil et celui de Mimault.

Ce nombre 5 est une conséquence nécessaire du nombre des signaux à transmettre. Mimault et Baudot l'auraient d'abord trouvé tous deux dans le brevet de
Whitehouse.

Enfin le brevet Mimault du 17 janvier se termine par la phrase suivante :

« Étant entendu que nous nous réservons d'apporter à nos appareils tous les per-
« fectionnements que nous jugeons nécessaires et notamment d'appliquer les principes
« qui constituent la base essentielle de notre invention à un système à un seul fil,
« quelles que soient, du reste, les dispositions mécaniques que nous employions pour
« atteindre ce résultat, et même en obtenant les avantages d'une transmission mul-
« tiple au moyen d'un seul fil. »

On ne peut voir dans cette phrase autre chose que :

1° L'aveu qu'un système à cinq fils de ligne est inadmissible dans l'état actuel de
la télégraphie ;

2° Le désir d'imaginer un appareil qui n'exige qu'un seul fil et rentre par conséquent dans les conditions normales de transmissions télégraphiques ;

3° Le désir même d'obtenir sur un seul fil le bénéfice des transmissions multiples,
comme dans l'appareil Meyer.

Ce sont des problèmes courants, dont on connaît déjà plusieurs solutions, et dont
l'énoncé ne peut constituer aucun droit pour l'auteur.

Le désir d'obtenir un résultat, de fabriquer du diamant avec du charbon, par
exemple, ne peut constituer un droit privatif en faveur de celui qui l'exprime contre
tous ceux qui plus tard résoudront le problème.

On reconnaît dans cette phrase les expressions qui terminent habituellement les
brevets, et par lesquelles les inventeurs espèrent englober à leur profit tous les progrès
qu'ils n'ont pu réaliser et même ceux dont ils n'ont pas l'idée.

Les experts disent plus loin :

« Le domaine public ne nous paraît pouvoir se composer que de ce qui a été
« exécuté ou explicitement décrit. »

Il nous semble, au contraire, que le domaine public se compose de tout ce qui
n'est pas constitué nettement à l'état de propriété privée, que c'est la propriété privée
qui doit être délimitée avec précision.

En matière de brevet particulièrement, les droits d'un inventeur ne peuvent porter
que sur des idées dont la description est suffisamment claire pour qu'en suivant les

indications de l'inventeur, une autre personne puisse les réaliser pratiquement. La loi ajoute même que le brevet cesse de plein droit si l'idée n'a pas été réalisée par l'inventeur dans un intervalle de deux ans.

En conséquence, notre avis est que :

1° La seule analogie qui existe entre l'appareil Baudot et l'appareil Mimault est l'emploi de cinq signes élémentaires identiques (*entre'eux*), que ce nombre de signes est indiqué par la nature des choses quand on n'utilise que deux états différents des fils de ligne, pour obtenir au moins vingt-cinq signaux, et qu'il est dans le domaine public depuis Whitehouse ;

2° Baudot n'a rien emprunté de ce qui constitue le principe de l'appareil Mimault, c'est-à-dire le *rameau-conducteur* ou *tout mécanisme dont les éléments représenteraient dans leurs fonctions les nombres successifs d'une progression géométrique, de manière à traduire un effet multiple par un effet simple.*

Ont signé :

Cornu, Membre de l'Institut, professeur à l'École polytechnique.

E. Mascart, Professseur au Collège de France, Directeur du Bureau central météorologique.

Marié, Ingénieur en chef de la Compagnie Paris-Lyon-Méditerranée.

Arrêt rendu par la Cour d'appel d'Amiens

27 mai 1884

COUR D'APPEL D'AMIENS, 1⁺ et 2ᵉ chambres réunies.

Présidence de M. Dauphin, 1ᵉʳ président

Audiences solennelles des 13, 14, 15, 20, 21, 23, 27 mai 1884.

Sur les conclusions conformes de M. le procureur général Melcot, la Cour a rendu l'arrêt suivant :

« La Cour,

« Considérant que Mimault a demandé le 17 janvier 1874 et obtenu le 24 mars de la même année un brevet d'invention pour un télégraphe imprimeur à cinq signes élémentaires correspondant aux cinq premiers nombres d'une progression géométrique binaire ayant un pour premier terme et deux pour raison ;

« Que le 20 mars 1876, en vertu d'une ordonnance de M. le président du Tribunal civil de la Seine, il a fait pratiquer chez Dumoulin-Froment, mécanicien, la saisie descriptive d'un appareil imprimeur exécuté par ce dernier sur les plans et avec le concours de Baudot, prétendant que cet appareil est une contrefaçon de son invention brevetée ;

« Que le 15 juin 1877, il a fait procéder à une nouvelle saisie descriptive d'un second appareil trouvé aussi chez Dumoulin-Froment et exécuté comme le premier par ce constructeur et par Baudot ;

« Que, par suite de ces saisies, une instance en contrefaçon a été introduite devant le Tribunal civil de la Seine par Mimault contre Baudot et Dumoulin-Froment, instance dans laquelle le ministre des Postes et Télégraphes est régulièrement intervenu et a pris des conclusions tendant au rejet de la demande :

« Sur la contrefaçon reprochée au premier appareil saisi :

« Considérant qu'il résulte des documents du procès que c'était un appareil d'essai et d'études n'étant destiné 'à aucun usage ; qu'il ne peut donc motiver une action en contrefaçon ;

« Sur le second appareil saisi :

« En ce qui touche la déchéance du brevet pris par Mimault :

« Considérant que, s'il est certain, en fait, que Mimault n'a pas mis en exploitation son invention dans les deux ans qui ont suivi l'obtention de son brevet, il justifie suffisamment des causes de son inaction par l'insuffisance de ses ressources personnelles, par la nature même de l'invention dont l'exploitation est restreinte en raison du monopole de l'État, et surtout par l'impossibilité où les faits et gestes de l'Administration des lignes télégraphiques l'ont mis de la faire adopter par l'industrie privée en donnant une attache officielle à l'appareil Baudot ;

« Au fond,

« Constatant que, pour apprécier si Mimault a fait une invention brevetable et s'il y a eu contrefaçon, il importe d'abord de décrire son système tel qu'il résulte de sa demande de brevet ;

« Il se sert d'un alphabet télégraphique composé de trente et un signes différents représentant les vingt-six lettres de l'alphabet et les signes de ponctuation :

« Le bureau de départ produit les trente et un effets par cinq fils de ligne employés, tantôt séparément, tantôt simultanément, suivant les trente et une combinaisons que peuvent produire cinq éléments simples, déduction faite d'une trente-deuxième combinaison représentant la position de repos :

« Les effets sont reçus au bureau d'arrivée par cinq électro-aimants correspondant aux cinq fils de ligne, puis transmis par chaque électro-aimant à une tige non conductrice qui, placé au-dessus de lui, s'abaisse sous la force de l'aimantation quand l'électro-aimant reçoit un effet du fil de ligne, et reste au contraire au repos quand il n'y a pas d'effet reçu, de telle sorte que ces tiges, les unes abaissées, les autres au repos, suivant les trente et une combinaisons d'effets produits, représentent et manifestent matériellement chacune de ces combinaisons par trente et une dispositions différentes ;

« Il s'agit de traduire automatiquement par une seconde opération chacune de ces dispositions des tiges, au moment même où elle se produit, en un signe simple à livrer à un appareil imprimeur :

« L'appareil spécial destiné à faire cette seconde opération est nommé par Mimault « Rameau-conducteur » : il est organisé et fonctionne de la manière suivante :

« A chacune des tiges ci-dessus décrites sont adaptées d'autres tiges de fer transversales nommées commutateurs, qui s'abaissent avec elle et touchent dans ce cas un butoir placé au-dessous de chacun de ces commutateurs ; quand, au contraire, l'électro-aimant n'a pas transmis d'effet à la tige, le commutateur restant au repos touche un autre butoir placé au-dessus de lui :

« Les commutateurs sont au nombre de un à la première tige, de deux à la seconde, quatre à la troisième, huit à la quatrième, seize à la cinquième ; il sont en métal conducteur de l'électricité, et les soixante-deux butoirs placés au-dessus et au-dessous d'eux sont aussi conducteurs ; trente et un chemins peuvent ainsi être formés par des bifurcations successives à chaque mouvement des tiges, dont les commutateurs touchent l'un ou l'autre de leurs deux butoirs.

« Un courant partant d'une pile locale est en communication avec le commutateur de la première tige, emprunte là ce commutateur comme conducteur, passe par celui des deux butoirs que touche le commutateur et, de ce butoir, dans un fil qui unit chaque butoir à un des deux commutateurs de la seconde tige, et ainsi de suite jusqu'à la cinquième tige, où, des trente-un butoirs, partent trente-un fils aboutissant chacun à un électro-aimant. La marche du courant local se trouve donc déterminée par l'abaissement des commutateurs sur lesquels les fils de ligne ont agi, par l'intermédiaire des cinq tiges ci-dessus décrites, et l'effet simple qu'il produit à son tour sur l'un des trente-un électro-aimants représente exactement l'équivalent de la disposition que les commutateurs avaient affectée, c'est-à-dire le signe simple à imprimer ;

« Une troisième opération, distincte à son tour de la seconde, fait en pointillé l'impression du signe au moyen d'un second courant local obéissant à chacun des trente-un électro-aimants.

« En ce qui touche les antériorités.

« Considérant que, s'il est constant que Mimault a emprunté à des inventions antérieurement publiées son alphabet télégraphique, le mode de transmission des lettres et signes de cet alphabet par un nombre de fils inférieur à celui des signes à transmettre, la réception au bureau d'arrivée par des électro-aimants en nombre égal à celui des fils, et le procédé par lequel, au moyen de tiges et de commutateurs, les signes simples formés au départ pour chaque combinaison d'effets multiples sont recomposés à l'arrivée pour être livrés à l'appareil imprimeur, il a combiné ensemble tous ces moyens et tous les principes dont ils avaient été chacun l'application et que cette combinaison a constitué une application nouvelle de principes théoriques et de moyens connus pour obtenir un nouveau résultat industriel, lequel peut être dénommé le télégraphe imprimeur à plusieurs fils de ligne et à combinaison de signaux.

« En ce qui touche la contrefaçon :

« Considérant, en droit, que le fait par un inventeur d'avoir, en appliquant certains principes scientifiques et en employant certains procédés mécaniques connus, obtenu un résultat industriel et acquis par un brevet le droit exclusif d'exploiter à son profit son invention ou sa découverte, ne fait pas obstacle à ce que d'autres inventeurs, usant après lui d'une partie des mêmes principes et des mêmes procédés, mais les combinant avec d'autres, obtiennent, sans être argués de contrefaçon, un nouveau résultat industriel ; qu'il n'y a, dans ce cas, ni la fabrication d'un produit, ni l'emploi de moyens ayant fait l'objet d'un brevet et constituant dans les termes de l'article 40 de la loi du 5 juillet 1844 l'atteinte aux droits du breveté ;

« Considérant en fait, que si Baudot a, dans l'appareil saisi, emprunté au domaine public les principes et les moyens qui lui sont communs avec Mimault et que Mimault y avait pris lui-même, il les a combinés à son tour avec d'autres principes et d'autres moyens que Mimault n'avait pas appliqués ou mis en œuvre, et a obtenu ainsi un résultat nouveau :

« Sur la combinaison avec les principes et les procédés nouveaux ;

« Considérant que les seuls points communs au brevet Mimault et à l'appareil saisi sur Baudot sont : l'alphabet télégraphique composé de trente et un signes, la décomposition de ces trente et un signes en trente et une combinaisons de cinq signaux simples, la réception à l'arrivée des trente et une combinaisons par cinq électro-aimants récepteurs sur des commutateurs, toutes choses qui, avant Mimault, depuis longtemps, et notamment par les brevets Davy, Highton, Whitehouse et Wheatstone, ayant dates certaines en 1838, 1848, 1855 et 1858, étaient tombées dans le domaine public et devenues les bases connues de tout système de télégraphe imprimeur ;

« Considérant que Mimault n'est pas fondé à prétendre que Baudot a en outre pris pour base de fonctionnement de son appareil une progression géométrique binaire ayant un pour premier terme, qui serait le principe nouveau et essentiel de son propre brevet ;

« Que l'emploi de la progression géométrique binaire est indifférent;

« Qu'il est, non le principe d'un système d'alphabet de transmission ou de recomposition de signes multiples en signes simples, mais la conséquence arithmétique de ce fait qu'un courant ne peut, sous l'influence d'un commutateur apte seulement à deux mouvements, être dirigé que dans deux directions à chaque bifurcation ;

« Qu'à tort les premiers juges ont fait ressortir la propriété particulière qu'à la progression géométrique binaire de contenir par des additions deux par deux, trois par trois, quatre par quatre, cinq par cinq de ces cinq éléments, chacun des nombres 1 à 31, car cette propriété n'est d'aucune utilité dans un mécanisme où il s'agit de faire parvenir aux électro-aimants à chacun desquels aboutissent les voies du rameau conducteur, un signe sans valeur numérique:

« Que, d'ailleurs, Baudot n'a pas employé la progression géométrique binaire dans l'appareil saisi, et qu'il résulte du procès-verbal de saisie du 15 juin 1877, vraisemblablement dicté à l'huissier, et en tous cas signé par Mimault, que les cinq rangées n'y sont pas alternées une à une, deux à deux, quatre par quatre, huit par huit, seize par seize ;

« Qu'enfin, s'il l'eût employée, Baudot l'aurait trouvée dans le domaine public, où l'application de cette progression à la télégraphie était tombée par la publication du brevet pris par Wheastone à la date certaine de 1858 ;

« Considérant qu'aux principes et aux dispositions connus avant la demande du brevet Mimault et appliqués ou employés par lui, Baudot a ajouté, en les combinant avec eux, les principes et procédés suivants ;

« Que, d'abord, au lieu de transmettre comme Mimault, simultané-

ment, par cinq fils. ceux des cinq signaux utilisés pour réaliser chaque combinaison. il a appliqué le premier au télégraphe imprimeur à combinaisons de
signaux le principe et le mécanisme du synchronisme, employé depuis longtemps et notamment vers 1867 par Vavin et Fribourg, et par Meyer en
1871 dans d'autres systèmes télégraphiques, principe et mécanisme à l'aide
desquels ces signaux sont transmis successivement par un fil unique, et, se
reproduisant au distributeur d'arrivée dans des positions similaires à celles
qu'on leur a données au distributeur de départ, sont. de là, par cinq fils
conducteurs correspondant aux cinq divisions du distributeur, portés successivement aux électro-aimants du bureau d'arrivée;

« Qu'en second lieu, Baudot a apppliqué au télégraphe-imprimeur à
combinaisons de signaux le principe et le procédé des électro-aimants polarisés qui, employés dans d'autres buts par Highton et par Hughes, mais
laissés de côté par Mimault, sont repris dans l'appareil saisi pour y organiser le système de l'attente, base principale dudit appareil;

Qu'en effet, sans cette possibilité de maintenir les commutateurs attachés aux butoirs de travail, la transmission par un seul fil étant nécessairement successive pour chacun des signaux représentant une combinaison, le
chemin ouvert au courant par le commutateur chargé de manifester le premier signal serait fermé par le retour de ce commutateur au repos avant
que les autres eussent fait leur œuvre et complété la fermeture du circuit ;

Que l'attente a pour second effet de permettre de mettre, dans le
télégraphe-imprimeur à combinaisons de signaux, le fil unique successivement à la disposition de cinq employés expédiant cinq dépêches différentes
par ce même fil, sans les obliger à perdre le temps pendant lequel l'impression s'opère ;

« Qu'en effet, le distributeur synchronique est, dans l'appareil saisi,
divisé en cinq parties ayant chacune les cinq divisions correspondant aux
effets élémentaires, et constituant ainsi cinq distributeurs en un seul; que
chaque employé a ce fil de ligne à sa disposition pendant que l'aiguille du
distributeur parcourt l'une des cinq parties, et que les choses sont disposées
de manière que le temps pendant lequel il laisse le fil à ses collègues, est
précisément celui qu'il faudrait perdre pour le fonctionnement des organes
imprimeurs. de sorte que, grâce à l'emploi de la polarisation qui emmagasine les effets. l'impression de chacune des dépêches s'opère pendant que les
autres passent ;

« Qu'en troisième lieu, l'appareil par lequel les trente et un chemins sont
déterminés, et que Baudot dénomme *combinateur*, est absolument différent
du *rameau-conducteur* de Mimault :

« C'est une roue cylindrique revêtue d'un damier en métal composé de
cinq colonnes longitudinales dans le sens parallèle à l'axe du cylindre, et de
31 dans l'autre sens :

« Chacune de ces trente et une tranches de cinq cases est chargée de
représenter l'une des trente et une combinaisons produites par les cinq signes
élémentaires, et de constituer une sorte de report de chacune des trente et une
dispositions que les cinq électro-aimants peuvent faire prendre aux commutateurs dépendant d'eux :

« A cet effet, les trente et une cases de chaque colonne longitudinale sont divisées en deux séries de 15 et de 16, représentant, l'une le repos, l'autre le travail du commutateur dont elle doit figurer la position, et elles sont, suivant cette distinction, disposées de façon à faire dans chaque tranche la figure qu'affectent les cinq commutateurs.

« Les cinq électro-aimants agissent directement et sans l'intermédiaire des tiges oscillantes du brevet Mimault, compliquées et difficiles à faire mouvoir régulièrement, sur cinq commutateurs placés chacun entre leurs deux butoirs ; chacun de ces butoirs est en communication par un fil conducteur avec chacune des deux séries de cases, et, comme toutes les cases de la même série, sont, dans chaque colonne, reliées entre elles, il y a, à chaque disposition prise par les cinq commutateurs, une tranche du combinateur dans laquelle chacune des cases est reliée au commutateur qui lui correspond par le butoir qui touche ce commutateur ;

« Un frotteur composé de cinq dents est en communication par un fil avec une pile locale ; il tourne continuellement autour du combinateur, et lorsqu'il passe sur la tranche représentative de la combinaison transmise, le courant s'établit par les dents du frotteur reliées entre elles et par les commutateurs reliés aussi entre eux suivant les dispositions alternées.

« Qu'il résulte de cette description que le combinateur Baudot est un mécanisme spécial, composé d'organes propres, notamment le frotteur et les cases métalliques ; et que, s'il a pour objet, comme le rameau-conducteur, de recomposer les signes multiples, il le fait par un procédé tout différent ;

« Qu'en quatrième lieu, l'appareil saisi manifeste, au moyen du combinateur, le signe recomposé sous une forme autre et plus simple que par le rameau conducteur :

« Qu'alors que le rameau-conducteur aboutit à trente et un électro-aimants qui représentent les trente et un signes et les transmettent par une nouvelle opération à l'appareil imprimeur, c'est, dans l'appareil saisi, le frotteur qui, mettant synchroniquement en mouvement une roue des types, lui fait présenter au papier le signe recomposé au moment où il trouve la tranche du combinateur qui représente ce signe ;

« Considérant que ces combinaisons et ces mécanismes constituent, non un perfectionnement de l'invention brevetée au profit de Mimault, mais une application de principes et de moyens connus qui justifie la prise des brevets de Baudot dans les termes où il les a formulés, et qui, par conséquent, et à plus forte raison, rend impuissante l'action en contrefaçon ;

« Sur le résultat industriel nouveau ;

« Considérant qu'il résulte des développements qui précèdent que par l'application nouvelle de principes scientifiques et de moyens connus, Baudot a obtenu un résultat industriel nouveau et autre que celui atteint par Mimault, à savoir, un télégraphe imprimeur à combinaison de signaux, à un seul fil, et multiple, dont la science et l'administration des lignes télégraphiques avaient depuis longtemps et inutilement posé le problème et qui est une découverte à la fois éminemment utile et glorieuse pour le pays ;

« Que vainement Mimault prétendrait en revendiquer le bénéfice parce que, dans la description du brevet pris par lui, il s'est réservé de pouvoir l'appliquer à un seul fil en obtenant les avantages d'une transmission multiple au moyen de ce seul fil ;

« Que cette réserve n'a pu lui conférer aucun droit, parce qu'elle ne fait qu'énoncer le problème posé sans le résoudre, et qu'elle ne décrit aucun des moyens à l'aide desquels le résultat pourrait être atteint, conformément aux prescriptions du § 6 de l'article 30 de la loi du 5 juillet 1884, qui exige, à peine de nullité, une description suffisante pour assurer l'exécution et indiquant d'une manière complète et loyale les véritables moyens de l'invention ;

« Considérant que les constatations de fait qui précèdent et le malfondé de la demande en contrefaçon résultant du rapport des experts, des opinions émises par des hommes de science et produites devant la Cour, notamment d'une lettre écrite à Mimanlt par M. du Moncel le 15 janvier 1877, laquelle, ou la copie produite dans le dossier Mimault sera, ainsi que la réponse de Mimault, enregistrée en même temps que le présent arrêt ;

« Sur l'appel incident :

« Considérant qu'aucune contrefaçon n'étant imputable à Baudot, il ne peut y avoir lieu à des dommages-intérêts ;

« Par ces motifs,

« Met l'appellation et le jugement dont est appel à néant ;

« Décharge les appelants des condamnations et dispositions contre eux prononcées;

« Et statuant à nouveau :

« Déclare les appelants mal fondés dans leurs demandes en nullité et déchéance du brevet Mimault ;

« Déclare Mimault mal fondé dans ses demandes, fins et conclusions, et notamment dans son appel incident, et l'en déboute.

« Condamne Mimault en tous les dépens. »

Mimault avait fourni des renseignements sur son invention et sur celle de M. Baudot, à M. le comte du Moncel qui avait encouragé ses revendications (1) ; mais un peu plus tard ce savant put se procurer des documents dont Mimault ne lui avait pas parlé et qui modifièrent ses idées sur les droits de celui-ci, comme le prouve la correspondance suivante, visée par l'arrêt d'Amiens :

Maillé, le 13 janvier 1877.

A Monsieur le comte du Moncel, ingénieur électricien à l'Administration des lignes télégraphiques, membre de l'Institut.

Monsieur le Comte,

En arrivant de voyage, je trouve votre honorée lettre et je m'empresse d'y répondre.

---

(1) L'emploi d'ingénieur électricien que M. du Moncel avait occupé dans l'Administration des lignes télégraphiques avait été supprimé et il en était résulté une grande tension de rapports entre lui et ses anciens collègues de cette administration dont il ne faisait plus partie.

Pour armer les électro-aimants . . . .
(suivent des détails techniques).

Telles sont, monsieur le comte, les indications sommaires que je puis vous donner aujourd'hui. Mais il reste beaucoup à dire sur ce système de transmission dont je continue d'étudier les applications, n'ayant plus aucun doute sur le rôle important qu'il est appelé à jouer dans les services télégraphiques.

Il sera écrit des volumes entiers sur ce système.

Je n'insiste pas trop sur les détails d'exécution des appareils, car l'idée est encore bien nouvelle et, dans votre cinquième volume, vous annoncerez ce système plutôt que vous ne le décrirez.

C'est dans des ouvrages ultérieurs, et lorsque les tribunaux auront statué sur la propriété des premières tentatives d'application, que vous voudrez bien, j'ose l'espérer, attribuer à chacun, en connaissance de cause, la part de mérite qui lui revient dans la découverte des dispositions mécaniques et des circuits électriques les plus importants qui aient jamais été et qui seront jamais découverts.

Je me console des obstacles que je rencontre en pensant que vous avez toujours soutenu les véritables inventeurs.

Ma bonne et très chère mère, qui s'inquiète plus que moi de mon avenir, a commencé à croire à mon prochain succès lorsque je lui ai eu raconté les marques de votre bienveillance à mon égard.

Veuillez agréer, monsieur le comte, l'expression de mon profond respect et de ma vive reconnaissance.

Signé : MIMAULT.

Paris, ce 15 janvier 1877.

MON CHER MONSIEUR MIMAULT,

Votre lettre que je viens de recevoir m'attriste profondément, car je vois que vous nourrissez toujours des illusions qui ne peuvent que vous être fatales. Bien que je sache que la maladie de l'invention soit incurable et *qu'on ne persuade jamais un inventeur*, je crois de mon devoir et de ma conscience de vous dire mon opinion sur votre affaire. Je puis aujourd'hui le faire en connaissance de cause, car je connais à fond tous les systèmes qui ont été proposés dans le but que vous poursuivez, et je les ai décrits dans un chapitre qui n'aura pas moins de soixante pages.

Mon opinion est donc qu'il n'est pas douteux pour moi que vous ne perdiez votre procès si vous persistez à le soutenir; car, outre que le système de M. Baudot et le vôtre sont très dissemblables, et pour la disposition et pour le but proposé, du moins, si on ne considère que les deux brevets sur lesquels le débat doit porter, le principe de l'application des fonctions progressives au combinateur, qui est le seul point commun des deux inventions, *ne vous appartient pas*, car il a été imaginé en 1848 par MM. Highton pour les combinaisons ternaires, et en 1855 par M. Whitehouse pour les combinaisons binaires. En dehors de votre rameau-conducteur, qui est le même que celui de ces deux inventeurs, que pouvez-vous donc réclamer à M. Baudot? Ce n'est pas la manière dont vous imprimez les signaux, puisque dans les brevets en question cette impression est électro-chimique dans votre appareil et effectué dans le système de MM. Vavin et Fribourg, tandis qu'elle est électro-magnétique et effectuée dans le système de Hughes par M. Baudot. Ce n'est pas non plus la manière dont vous faites réagir le courant local sur le mécanisme imprimeur, puisque votre rameau-conducteur réagit sur cinquante-deux électro-aimants pour obtenir ce résultat, et que M. Baudot l'obtient par l'action d'un *fermeur* de courant, mis en rapport de mouvement par la roue des types. Vous me direz que dans votre dernier système, vous avez mis aussi un système de fermeur plus simple: mais M. Baudot aurait le droit de vous empêcher de vous en servir, puisque c'est dans ce fermeur que gît toute la nouveauté et l'importance de son invention. C'est, en effet, ce fermeur qui lui a permis de faire de son combinateur un *appareil d'attente* sur lequel les signaux se trouvent en quelque sorte déposés jusqu'à ce que le temps de leur impression soit arrivé, temps qui dépend de la position de la roue des types, puisque le fermeur est en rapport de mouvement avec elle. Votre rameau-conducteur, si tant est que vous puissiez en réclamer la propriété, n'intervient dans ce système que pour la préparation du signal à la station d'arrivée; mais, par lui-même, il ne pourrait satisfaire aux conditions de la transmission multiple qui, seule, produit l'effet avantageux dans ces sortes de systèmes télégraphiques. D'un autre côté, croyez-vous, en bonne conscience, qu'un rameau-conducteur basé sur la mise en action de 1, 2, 4, 8, 16 contacts par des électro-aimants de ligne, soit préférable à un rameau-conducteur dont les électro-aimants n'ont à produire qu'un seul contact à la fois? On a déjà bien de la peine à obtenir des relais à double contact, et vous voulez que ces relais fassent basculer huit leviers oscillants qui peuvent, il est vrai, être réduits à quatre dans votre dernier système, mais qui n'exigent pas moins quatre contacts assurés! Il est vrai que vous employez des électro-aimants Hughes: mais croyez-vous que l'axe qui devra mettre en place des armatures en nombre variable, n'influera pas sur le synchronisme de marche des appareils moteurs?... et d'ailleurs, l'effet produit devra nécessairement influer sur la vitesse du mouvement.

Je ne vois donc pas que votre système actuel même réalise un progrès sur celui de votre adversaire, et, comme il lui est postérieur, vous ne pouvez même pas le mettre en cause.

Je vous le répète donc, je ne puis croire qu'aucun tribunal puisse vous donner raison dans cette affaire, et je croirais plutôt qu'il pourrait vous arrêter dans les dispositions que vous donnez actuellement à vos appareils. Ne persistez donc pas à dépenser de l'argent pour n'arriver qu'à compromettre votre position dans l'Administration et détruire votre avenir. Madame votre mère a dix fois raison de s'inquiéter de vos faits et gestes, et je me créerais un remords de conscience si je vous encourageais. Je vous avais déjà quelque peu exprimé mes idées à ce sujet lors de vos dernières visites, mais je n'avais pas encore assez médité sur cette affaire pour vous expliquer nettement votre opinion. Aujourd'hui je suis suffisamment éclairé et je vous dis : *Arrêtez-vous si vous ne voulez pas sombrer.* Dans tous les cas, ne comptez pas sur moi pour intervenir dans cette affaire. Dans mon article sur ce système télégraphique j'ai décrit consciencieusement vos appareils ainsi que ceux des autres, sans commentaire. Les hommes du métier pourront juger dès lors en connaissance de cause et sans idées préconçues.

Je regrette d'avoir été obligé de vous dire si brutalement ma pensée, mais c'est dans votre propre intérêt et afin que vous ne vous embarquiez plus dans de nouvelles dépenses, qui seraient ruineuses pour vous et pour votre famille.

Je vous prie d'agréer l'assurance de mes meilleurs sentiments.

Signé : Th. du Moncel.

Acquiescement de M. Mimault à l'arrêt de la Cour d'Amiens du 27 mai 1884 et quittance d'une somme de 8,000 francs.

Je soussigné, reconnais par les présentes, recevoir de l'Administration des Postes et Télégraphes, par les mains de M. le Ministre, la somme de huit mille francs.

Moyennant ce paiement, j'acquiesce purement et simplement à l'arrêt prononcé par la Cour d'Amiens, le 27 mai 1884, tant à l'égard de l'Administration des Postes et Télégraphes, à qui je cède par les présentes tous les droits que je puis tenir de mon brevet en date du 17 janvier 1874, et tous autres qui pourraient le compléter, qu'à l'égard de MM. Baudot et Dumoulin-Froment ; mais, *pour ces derniers*, seulement en ce qui concerne les faits de fabrication sur lequel est intervenu ledit arrêt.

Il est donc bien entendu que pour l'avenir et vis-à-vis de tous autres que l'État, je réserve expressément mes droits et notamment celui de prétendre que les appareils qui seraient construits d'après les brevets Baudot, rentrent dans les données de mon propre brevet.

Pour quittance...

Paris, le 17 septembre 1884.

Signé : Mimault.

Arrêt de la Cour de cassation

5 mai 1885

Cour de Cassation. — Chambre des Requêtes.

M. Mimault s'étant pourvu en cassation contre un arrêt de la Cour d'Amiens, en date du 27 mai 1885, M. le conseiller Babinet chargé du rapport a présenté les observations suivantes sur le moyen unique du pourvoi Mimault :

« ..... L'arrêt attaqué (Cour d'Amiens, 27 mai 1885) ne dit, ni formellement, ni implicitement, ce que le pourvoi lui fait dire, à savoir que « Baudot s'est emparé de « l'invention de Mimault et qu'il s'est borné à échafauder sur cette base, devenue la « propriété d'autrui, des perfectionnements qui sont le couronnement d'une usurpa- « tion interdite par la loi. »

« Il ne l'a pas dit formellement. Lorsque le pourvoi croit y lire que l'appareil saisi combine les quatre éléments communs avec Mimault, dans les mêmes conditions, et sous le *même mode d'application* que l'invention brevetée, nous ne doutons pas de sa bonne foi ; mais nous lisons autre chose dans l'arrêt, qui parle seulement du *même mode d'action* des électro-aimants sur les commutateurs et qui y voit, non pas le résumé pratique de la combinaison par Mimault des quatre éléments puisés dans le domaine public, mais seulement le quatrième de ces éléments commun à Mimault et à Baudot.

« L'arrêt ne contient pas davantage, sans s'en apercevoir, la déclaration que lui prête le pourvoi. En effet, il affirme, en visant quatre brevets datés de 1838 à 1858, que ni l'emploi des quatre éléments précités, ni leurs combinaisons, n'ont pu consti- tuer une nouveauté, puisqu'ils étaient devenus les bases connues de tous les systèmes de télégraphes imprimeurs ; si l'arrêt a maintenu le brevet Mimault, ce n'est pas seulement parce qu'il avait combiné les quatre éléments d'une manière qui n'est pas expliquée en cet endroit, mais parce qu'il les avait combinés pour obtenir un nouveau résultat industriel.

« Arrivant à l'œuvre de Baudot, l'arrêt affirme avec la même énergie, qu'à son tour il a combiné ces quatre éléments avec d'autres principes et d'autres moyens que Mimault n'avait pas appliqués (les principes) ou mis en œuvre (les moyens) et qu'il a ainsi obtenu un résultat industriel nouveau (autre que celui de Mimault).

« Comment donc pourriez-vous admettre la contradiction signalée par le pourvoi?

« Ce n'est pas tout. Si dans les passages que nous avons cités, après le pourvoi, la Cour d'Amiens parle de combinaisons dont elle ne précise pas l'originalité vraie ou alléguée, il en est d'autres où l'on aperçoit plus clairement que, pour arriver à des résultats industriels nouveaux, Mimault et Baudot n'ont pas dû s'en tenir à des combinaisons théoriques, mais créer des organes mécaniques propres à réaliser dans la pratique leurs inventions. Ils devaient le faire, car, pour eux surtout, employés dans l'Administration des télégraphes, il s'agissait non seulement de prendre rang parmi les savants, mais, comme le dit l'arrêt, de réaliser le problème posé depuis longtemps et inutilement par la science et l'Administration des lignes télégraphiques, à savoir un télégraphe imprimeur à combinaison de signaux à un seul fil et multiple.

« Quand nous parlons de réalisation pratique, nous n'onblions pas une différence profonde qui sépare les deux inventions. Celle de Baudot est vivante, traduite par des appareils et des organes qui fonctionnent sous les yeux de tous, et dont les inconvé- nients ou les avantages sont visibles et palpables dans tous les sens de ces mots. Celle de Mimault n'a pas été appliquée ; les appareils qu'il a conçus n'ont pas été cons- truits.... Il faut qu'il nous fasse toucher du doigt ce qu'il a décrit, ce qu'il a mis au jour par ses formules et par ses dessins, et il ne lui sera pas permis de dire : « J'au- « rais naturellement ou nécessairement imaginé, quoique je ne l'aie pas dit, ce qu'a « réalisé mon rival ! » Or, pour la mise en œuvre de sa combinaison, Mimault avait décrit dans son brevet une progression géométrique binaire, dont les propriétés singulières, nous allions dire *magiques*, avaient beaucoup frappé les premiers juges. Mimault avait insisté sur ce point devant la Cour de Paris, et devant vous, lors de son premier pourvoi. La Cour d'Amiens affirme que, devant elle, il continue à signaler l'originalité de la progression, qui serait le principe nouveau et essentiel de son propre brevet. Les experts en avaient fait bon marché, et l'arrêt attaqué la traite avec plus de dédain encore. Mais, lors même qu'il y aurait là une découverte, la Cour affirme souverainement deux choses accablantes pour Mimault : 1° Ce n'est pas lui qui l'a inventée, mais bien Wheatstone, à la date certaine de 1858; antériorité qui ne tombe pas sous notre contrôle; 2° Baudot aurait donc pu la prendre dans le domaine public; mais, en fait, il n'a pas employé la progression géométrique binaire dans l'appareil saisi, et cette constatation est irréfutable. Nous tirons de ce premier fait la conclusion accablante contre le moyen actuel du pourvoi, qu'il est avéré que Baudot n'a pas emprunté toute l'invention Mimault pour la compléter ou la perfectionner.

« Ce n'est pas tout. Il faut encore appeler votre attention sur deux autres points distincts non moins défavorables au pourvoi.

« Dans ses brevets, base unique de ses revendications, Mimault a décrit et signalé l'emploi de cinq fils distincts pour la transmission de ses signaux. L'agencement théorique des éléments qu'il combinait était donc compliqué de manière à rendre à priori son système inacceptable pour l'Administration des télégraphes. Ce n'était pas une solution du problème posé ! L'appareil Baudot n'emploie qu'un fil et atteint ainsi le but qu'on se proposait. — Bien plus, cinq dépêches à la fois voyagent sur ce fil unique, sinon simultanément (le mot serait peut-être scientifiquement inexact), du moins sans interruption appréciable pour nos sens. Voilà une différence éclatante entre les deux inventions. Mimault a cherché à l'atténuer. « Dans mon brevet, a-t-il « dit, je m'étais *réservé* d'appliquer mon invention à un seul fil. » Les experts avaient partagé cet avis, parce que l'état de la science fournissait déjà, à la date du brevet Mimault, les moyens que Baudot a employés. La Cour s'est appliquée à réfuter la thèse de Mimault. Cette réserve n'a pu lui conférer aucun droit. Elle énonçait le problème sans le résoudre. La loi exige que le brevet contienne une description des moyens de l'invention, suffisante pour assurer leur exécution. Sans doute, le principe était connu, c'est celui du *synchronisme*. La Cour reconnaît que Baudot ne l'a pas inventé, et qu'en 1867 et 1871, d'autres inventeurs l'avaient appliqué à d'*autres systèmes télé-graphiques*, mais Baudot a le premier appliqué au télégraphe imprimeur de signaux le *principe* du synchronisme, et son *mécanisme*. Voulez-vous qu'il ait suffi à Mimault d'une réserve pour s'approprier le *principe* du synchronisme, quoique ce mot ne se trouve pas dans le brevet ? Où est l'allusion quelconque au *mécanisme*, c'est-à-dire aux moyens de réalisation ? Il s'en fallait bien qu'ils fussent compris dans le seul mot de synchronisme. — L'arrêt nous explique que Baudot a dû aller emprunter à Highton et à Hughes, qui les avaient employés dans un autre but, le principe et les procédés des électro-aimants *polarisés*, nécessaire pour réaliser le système de l'attente, base principale de l'appareil Baudot, et qui seule permet de mettre en même temps le fil unique à la disposition de cinq employés (V. l'arrêt). L'arrêt prend soin de constater que les électro-aimants polarisés ne figurent point dans les combinateurs de Mimault. Si Baudot n'a pas créé de procédés nouveaux, il a au moins pris dans le domaine public un principe et des moyens que son rival y avait laissés, et qu'il a étroitement combinés avec les autres éléments.

« Mais il y a une troisième phase de l'opération si complexe de l'impression auto-matique des dépêches transmises par un seul fil. Il faut recomposer le signe transmis et le manifester à l'arrivée. Mimault y avait pourvu par l'*idée* de son *rameau-conduc-teur* à tiges oscillantes, qui, à en juger par sa description, n'aurait probablement jamais fonctionné. Baudot a été tout à fait original. Son combinateur, *absolument différent du rameau* de Mimault, a pour auxiliaire un frotteur à cinq dents mû par une pile locale, et grâce à lui, recompose, manifeste et imprime cinq dépêches sans désemparer.

« Certainement, dans le langage vulgaire, on peut appliquer la qualification de *perfectionnement* à tout progrès, à toute innovation qui satisfait plus complètement aux besoins de l'humanité; mais, dans le langage juridique, au point de vue de droits conférés par les brevets d'invention, il ne faut pas confondre la découverte et le per-fectionnement. Tout l'effort de Mimault, aux diverses phases du procès, a tendu à cette confusion. L'arrêt d'Amiens conclut de tous les faits par lui vérifiés et non ébranlés par le pourvoi, que Baudot ne s'est pas emparé de l'invention Mimault en se contentant d'y ajouter des perfectionnements, mais que, puisant au même fonds commun, plus largement encore que lui, et combinant, non pas quatre, mais un bien plus grand nombre d'éléments fournis par le domaine public, avec des conceptions à lui propres, il a réalisé un ensemble qui, seul jusqu'à présent, a fourni la solution du problème posé par les exigences de la télégraphie publique. Baudot a *obtenu* ainsi un résultat industriel nouveau, et *autre que celui promis* par Mimault (en supposant que son brevet eût été exploité).

« Il vous semblera peut-être que ces considérations réfutent suffisamment le moyen unique du pourvoi. »

ARRÊT

« La Cour ;

« Sur le moyen unique, pris de la violation des articles 1, 2, 19 et 40 de la loi du 5 juillet 1844, et de la loi du brevet ;

« Attendu que, si l'arrêt attaqué a rendu justice à Mimault en déclarant brevetable la combinaison, annoncée dans son brevet, de principes et de moyens connus en télégraphie pour produire un résultat industriel nouveau, il n'a pas commis l'erreur que lui reproche le pourvoi, d'avoir ensuite refusé de le protéger contre la fabrication d'appareils reposant « sur la même combinaison, opérée sous le même mode, dans les mêmes conditions » ;

« Attendu que, loin d'autoriser Mimault à affirmer que Baudot s'est emparé de son invention *entière* et s'est borné à y ajouter des *perfectionnements* au sens des articles 16 et suivants de la loi de 1844, la Cour d'appel s'est appliquée et a réussi à faire ressortir des différences réelles entre les deux découvertes, toutes deux brevetables isolément ;

« Attendu qu'elle a déclaré à bon droit que le fait d'un inventeur d'avoir, en appliquant certains principes scientifiques et en employant certains procédés mécaniques connus, obtenu un résultat industriel et acquis par un brevet le droit exclusif de l'exploiter à son profit, ne fait pas obstacle à ce que d'autres inventeurs, usant après lui d'une partie des mêmes principes ou procédés, mais les combinant avec d'autres éléments, obtiennent sans être argués de contrefaçon, un autre résultat industriel nouveau ;

« Attendu que, par une juste application de ce principe, reconnu exact par le pourvoi lui-même, la Cour d'appel a refusé de voir une contrefaçon dans les inventions de Baudot, réalisée dans les appareils saisis ; qu'elle l'a montré empruntant au domaine public quatre éléments que lui avait également demandés Mimault, y laissant au contraire la progression géométrique binaire, à laquelle Mimault n'a cessé d'attacher une importance excessive, mais y prenant en outre le synchronisme et les électro-aimants polarisés, auxquels Mimault n'avait pas songé, enfin chargeant de la recomposition des signes et de leur impression automatique, non pas un organe insuffisant comme le *rameau-conducteur* de Mimault, mais son *combinateur*, assorti du frotteur à cinq dents, mû par une pile locale, organes originaux dont le fonctionnement a résolu le problème posé par la science et l'Administration des télégraphes:

« Attendu que, de cette étude approfondie, et non réfutée par le pourvoi, du brevet Mimault et de l'appareil Baudot, la Cour d'appel a tiré légitimement la double conclusion, que Baudot avait réalisé une combinaison de principes et de moyens connus ou créés par lui, constituant une invention propre, et qu'il a obtenu un résultat industriel nouveau, autre que celui indiqué dans le brevet Mimault; qu'ainsi l'arrêt attaqué, sans violer aucune des lois sus-visées, a justifié sa déclaration que l'action de Mimault en contrefaçon n'était pas fondée;

« Donnant acte à Mimault de son désistement à l'égard du Ministre des Postes et Télégraphes;

« Rejette, etc... »

Paris.— Typ. Paul Schmidt, 5, rue Perronet

www.ingramcontent.com/pod-product-compliance
Ingram Content Group UK Ltd.
Pitfield, Milton Keynes, MK11 3LW, UK
UKHW022053170726
13837UKWH00002B/921